本书受到国家自然科学基金（项目号：71529001，71203131）资助

STRUCTURED-PRAGMATIC-SITUATIONAL
(SPS)
APPROACH TO
CONDUCTING CASE STUDIES

SPS案例研究方法

流程、建模与范例

潘善琳　崔丽丽　著

北京大学出版社
PEKING UNIVERSITY PRESS

图书在版编目(CIP)数据

SPS 案例研究方法：流程、建模与范例/潘善琳，崔丽丽著. —北京：北京大学出版社，2016.8
ISBN 978-7-301-27474-3

Ⅰ.S… Ⅱ.①潘…②崔… Ⅲ.①社会科学—研究方法 Ⅳ.①C3

中国版本图书馆 CIP 数据核字（2016）第 205457 号

书　　　名	SPS 案例研究方法：流程、建模与范例 SPS ANLI YANJIU FANGFA
著作责任者	潘善琳　崔丽丽　著
策 划 编 辑	徐　冰
责 任 编 辑	赵学秀
标 准 书 号	ISBN 978-7-301-27474-3
出 版 发 行	北京大学出版社
地　　　址	北京市海淀区成府路 205 号　100871
网　　　址	http://www.pup.cn　新浪微博:@北京大学出版社
电 子 信 箱	em@pup.cn
电　　　话	邮购部 62752015　发行部 62750672　编辑部 62750667
印 刷 者	北京宏伟双华印刷有限公司
经 销 者	新华书店
	787 毫米×1092 毫米　16 开本　12.5 印张　169 千字 2016 年 8 月第 1 版　2022 年 9 月第 3 次印刷
定　　　价	39.00 元

未经许可，不得以任何方式复制或抄袭本书之部分或全部内容。
版权所有，侵权必究
举报电话: 010-62752024　电子信箱: fd@pup.pku.edu.cn
图书如有印装质量问题，请与出版部联系，电话: 010-62756370

前　言

定性研究是一种古老而又富有活力的研究方法。案例研究方法作为其中最为广泛流传的一种，一直作为主流研究方法之一在商学与管理学领域被普遍应用。案例研究方法能够深度剖析事物发展的复杂过程，通过用于分析企业历史进程中的诸多人物、事件及其中蕴藏的关系、结构和逻辑，案例研究方法能够再现已经发生的所有里程碑事件及其前因后果，这对于剖析企业的发展历程、发展现有管理理论而言是最深刻、有效的方法。因而案例研究无论在教学领域还是在学术研究领域都拥有众多的"粉丝"。案例研究方法的运用有些类似于打造艺术品，成品很唯美，但在形成艺术品的过程中是如何构思、如何打造、如何去装饰却无法得以传承下来。因此，虽然在国内商学与管理学教育领域，案例研究已经得到了比较普遍的应用，但是如何从实践上升到学术研究的境界，很多案例研究学者感觉还非常缺乏清晰的指引，特别是在如何将理论与案例实际结合的问题上，感到无从下手。

相比量化研究方法比较清晰的结构化流程和操作步骤，案例研究并不能够通过依照一定的步骤，或一定的操作流程来实现。现有的，在研究领域或是教学领域都有一些有关案例研究方法的专业训练。在教学案例领域，已经有美国哈佛（Harvard）和加拿大毅伟（Ivey）两家商学院在普及教学案例写作方面做了很多的工作，然而他们对于案例写作者的培训主要集中在以一种特定的模式或者模板来撰写教学案例。在案例研究领域，由于大部分组织学者所受的专业训练更倾向于量化分析、实证主义和以理论为导向的研究（托马斯·W.李，组织与管理研究的定性方法），因此在 2003 年 Robert Yin 以定量化的口吻将案例研究方法的原则做了普及，或者说，Yin 用量化研究者能够接受的语言，阐释了案例研究方法所应该遵循的原则。然而，以前讲案例研究方法就是仅仅讲方法，即在使用案例研究方法时应该做什么，不应该做什么，更偏重于方法的原则。而对于真正使用案例研究方法进行学术研究，还是缺乏如何实践或者如何操作的细节指导。用如今流行的语言来说，这是案例研究方法的**痛点之一**。

在近十几年间，人们面临的商业环境发生了翻天覆地的变化。特别是 2008 年以后，我们在中国内地的一些企业进行调研时发现，不仅仅是企业所处的外部环境发生巨大变化，即便是在做案例访谈的过程中也常常遭遇始料不及的情境。往往是准备的访谈列表无法在访谈中运用，或者事先通过二手资料准备的论文研究框架完全不适用。无论是在哪一种情况下，这都对案例研究中的访谈过程提出了非常大的挑战。这是采用和践行案例研究方法过程中可能产生的**痛点之二**。2000—2016 年，我们先后走访了新加坡、中国、印度、马来西亚、泰国、德国、芬兰和爱沙尼亚等国家，接触了将近 70 个案例，面临了不同的国家、不同的文化、不同的市场环境，以及不同的语言。我们发现大多数的案例学者，特别是非英语母语国家的案例学者可能在采用英语大篇幅地表述案例情境时会面对一些困难或问题，这可能是**痛点之三**。正是这些连我们自己也在研究中碰到和看到的痛点，使我们下决心总结过去在案例研究中的实践并摸索、构建一套方法，以供后来者借鉴、掌握。

SPS（Structured-Pragmatic-Situational）案例研究方法的特点正如其名，是结构化、实用化和情境化的。结构化首先是方法操作本身的结构化。作为战斗在最前线的案例研究实践者，我们每个季度都在做案例研究，在企业与社会创新的现实中实践。因此我们将案例研究方法的操作从构思、调研、建模到写作分成不同的步骤，每一步骤需要做什么，SPS 方法会告诉大家应该要怎么实践。值得一提的是，除了方法操作本身的结构化，SPS 更为突出的是建模（modeling）。在以往我们印象中的案例研究方法就是一些文字性的描述与写作，特别是在国外期刊上发表文章，很多母语为非英语的学者都会觉得在做案例研究时自己的英文水平会显得捉襟见肘。SPS 的方法就是利用概念模型（conceptual model）来表达案例中隐藏的逻辑，有了图示，语言文字的组织就有了清晰明确的"骨架"依附。这时，对于语言文字水平的要求就降低了，只需要工整、准确地解释概念模型图的意思。实用化主要体现在 SPS 方法的易操作性和实践特性，在现场做一些什么，当时在研究时如何考虑为什么会采用这种方法去分析，这也是本书期待给读者的一个非常实用的操作法则和实践案例的初衷。情境化主要体现在 SPS 方法的灵活性中，比如我们在现场访谈的时候，如果访谈现场或者企业的实际情况并不像我们在二手资料中看到的那样，我们有灵活调整的方法，随之也会相应调整构思的理论概念模型。

SPS 这一结构化—实用化—情境化的案例研究方法，其目的就是把这种打造艺术品的过程用一种科学化、结构化的方式去诠释，把这个过程编成某种操作手册。这种方法主要强调一个概念——案例研究是可以很**结构化**的。它是一种**实用**方法，需要配合**情境**去设计。例如，进入一个组织，必须在很短的时间内了解这个组织，这个案例所要探讨的一些历史背景或者是案例研究中所分享的一些解释或诠释。因此，我们必须在该组织所在的社会经济大环境下，以及地方与组织文化的背景下，去看、去思考。同时，既要顾及所研究的组织想要突出的重点，也不能失去作为一名学者的比较客观的判断和看法。在这样的融合里面，更多地需要案例研究的实用化，这就是 SPS 案例研究方法的专长。同时，SPS 案例研究方法的结构化并不能理解为把案例研究的操作方法用自然科学的思维描述，案例的诠释与分析还是相当具有"艺术性"的，这种艺术主要来自理论的运用，如何选取理论、如何搭配理论、如何做理论的讨论，本书的目的就是把这些从科学化、结构化的角度整理出来，给案例研究者一个指导。

为了能让读者更好地理解此方法的使用，本书特别使用我们在 2008 年以来在以中国为主体的世界各地走访的管理案例作为实例，讲解 SPS 案例研究方法。我们希望本书对 SPS 案例研究方法的介绍和阐述，不仅仅只是指出原则或者给出写作的模板，而是更偏重如何去实践和使用。希望通过我们的解读、介绍，并辅以众多管理创新实例的写法让读者领略到案例研究方法的魅力，并在实践中学会运用这种古老又具有活力的方法，在万千变幻的时代寻找想要发掘的真谛。

目 录

第一部分　SPS 案例研究方法：背景及精要

第一章　定性研究方法／3

第二章　案例研究方法与中国管理研究／10

第三章　SPS 案例研究方法精要／26

第二部分　SPS 案例研究方法的基本流程

第四章　基本操作流程／31

第五章　设计循环：构思／38

第六章　提升循环：调研／48

第七章　写作、投稿与理论视角推荐／56

第三部分　SPS 案例研究方法的设计与建模

第八章　现象概念化与案例分析层次／75

第九章　案例设计逻辑／88

第十章　动态模型／106

第十一章　静态模型／129

第四部分　SPS 案例研究方法的应用

第十二章　SPS 应用：案例选取、研究计划与访谈／155

第十三章　SPS 应用与中国管理创新的结合：展望未来／171

后记／192

第一部分

SPS 案例研究方法：背景及精要

第一章
定性研究方法

定性研究涉及使用定性数据（比如访谈）、文档和参与式观察的数据，来理解和解释社会现象。许多学科和领域都有定性研究人员，他们利用了各种途径、方法和技术，来探寻本学科中出现的新问题。比如，在我们所研究的信息系统领域，我们研究与创新、信息通信技术相关的管理和组织问题，这也是定性研究方法应用的有趣之处。

一、定性研究方法概述

定性研究方法最早出现在社会科学领域，旨在帮助研究人员了解人和他们生活的社会和文化背景。定性研究方法主要有行动研究（action research）、案例研究和人类学（ethnography）等。定性数据来源包括观察和参与观察（实地考察）、访谈和问卷调查、文献和文本，以及研究人员的印象和反应（Myers 2009）等。

从哲学的视角来看，所有的研究，无论定量或定性，都基于一些基本假设，通常是关于什么构成"有效"的研究的假设，以及认为该研究方法是适当的假设。为了实施定性研究，并/或对其进行评估，知道这些假设就很重要。对于定性研究而言，最相关的哲学假设是那些涉及底层的认识论，它们可以引导研究的进行。Guba 和 Lincoln 在 1994 年提出了四个进行定性研究的基础"范式"：实证主义、后实证主义、批判理论和建构主义。在 Chua（1986）之后，Orlikowski 和 Baroudi 于 1991 在基本认识论研究的基础上，提出了三个分类：实证主义、解释和批判（positivist, interpretive and critical）。

在探讨定性研究方法的最开始我们就应该明确，"定性的"并不是"解释性"的同义词——定性研究可能是解释性的，也可能不是，这取决于研究的基本哲学假设。定性研究可以是实证主义的，解释性的，或者批判性的。例如，案例研究可以是实证主义的（Yin, 2002）、解释性的（Walsham, 1993）或者批判性的。本书对案例研究方法的分类也是采用这三个分类。

二、哲学假设分类

首先，我们从理论的角度来区分这三种基于不同哲学认识论的定性研究方法的立场。

1. 实证研究

实证研究通常假设现实是客观给出的，并且可以由独立于观测者（研究者）及其测量工具的可测量的属性描述。实证研究中通常试图检验理论，以提高对现象的预测性理解（predictive understanding）。Orlikowski 和 Baroudi（1991，p.5）对实证研究进行了定义，即有证据证明正式命题，可量化的变量、假设检验和关于从样本到整体、推断出的某一现象的理论描述（the drawing of inferences about a phenomenon from the sample to a stated population）。

定性研究中一个实证研究的例子是 Yin's（2002）和 Benbasat et al.'s（1987）的案例研究，参见由 Straub，Gefen 和 Boudreau（2004）编辑的定量、实证研究一节。

2．解释性研究

解释性研究的前提假设是，只有通过社会建构（如语言、意识和共享的知识）才能接近现实。解释性研究的哲学基础是解释学和现象学（Boland，1985）。解释性研究通常试图通过人们赋予含义来理解现象，例如在信息系统研究中，解释性方法"旨在理解信息系统的环境，以及信息系统影响环境又反过来被环境影响的过程"（Walsham，1993）。解释性研究没有预定义变量和自变量，而是着重于人们随着现象不断呈现而给出的充满复杂性的意义建构（Kaplan 和 Maxwell，1994）。

Boland's（1991）和 Walsham's（1993）的研究就是解释性研究的一个例子。Klein 和 Myers'（1999）的文章提出了一套解释性研究的实施和评价原则。

3．批判性研究

批判性研究人员认为社会现实是历史构成的，它是人民生产和重现的。尽管人们可以通过有意识的行动来改变自己的社会和经济环境，批判性研究者认为人们这样做的能力是受到各种形式的社会、文化和政治制约的。批判性研究的主要任务是社会批判，从而使当前社会中的限制和异化（restrictive and alienating）条件凸显出来。批判性研究主要关注当代社会的对立、冲突和矛盾，并致力于提出解决方法，帮助消除异化和统治（alienation and domination）产生的诱因。

当代社会批判理论的最有名的代表人物之一是 Jurgen Habermas，他被许多人认为是 20 世纪最重要的哲学家之一。Habermas 属于法兰克福学派，其中还包括 Adorno、Horkheimer、Lukacs 和 Marcuse 等诸多领军人物。Ngwenyama 和 Lee's（1997）以及 Hirschheim 和 Klein's（1994）的研究都属于批判性研究。Myers 和 Klein（2011）提出了一套批判性研究的实施准则。

三、定性研究方法：概念与分类

正如定性研究可以有不同的哲学假设，定性研究也有很多不同的方法。研究方法的选择影响研究者收集数据的方式。不同的研究方法有不同的技巧、假设和实践方法。在这里，我们简要介绍定性研究的四种研究方法，分别是行动研究（action research）、案例研究（case study）、民族志（ethnography）和扎根理论（ground theory）（Myers，2009）。

1. 行动研究

引用最为广泛的关于行动研究的定义是：通过一个双方都能接受的道德框架内的联合协作，既帮助人们解决突然出现的实际问题，又为社会科学的目标效力（Rapoport，1970）。更通俗地来说，行动研究既帮助研究人员获得研究的资料，同时也给予实践者一些决策的建议，研究人员参与到整个情境中，并且会通过研究结论来影响整个过程的运行。比如，对企业的某个系统的实施进行研究，研究人员与企业相关人员共同工作，研究人员既在这个过程中跟踪了系统实施的过程，对这个过程中出现的问题进行了记录和分析，同时又会帮助企业工作人员一起商讨、决策从而影响到了实施的过程。

正因为这种双方面的共赢特性，行动研究已经被应用领域接受为一种有效的研究方法。如果读者想要了解关于行动研究的信息，可以参见 Susman 和 Evered（1988）的文章，其中提供了关于行动研究的简要概述。

2. 案例研究

"案例研究"一词具有多重含义，可以是一个分析单元，也可以是一种研究方法。当然，我们在本书中讨论的案例研究是一种研究方法。案例研究可以说是在管理领域，特别是组织管理领域最为常用的定性研究方法。因此，案例研究也拥有多种定义。

案例研究方法能够深度剖析事物发展的复杂过程，通过分析企业历史进程中的诸多人物、事件及其中蕴藏的关系、结构和逻辑，案例研究方法能够再现已经发生的所有里程碑事件及其前因后果，这对于剖析组织或事件的发展历程、发展现有管理理论而言是最深刻、有效的方法。

如前面的哲学假设部分所述，案例研究可以是实证性的、解释性的或批判性的，这取决于研究者的基本哲学假设。例如，Yin（2002）是实证案例研究的倡导者，而 Walsham（1993）是深度解释性案例研究的倡导者。

3. 民族志学

民族志研究方法是人类学与民族学的一种特殊的研究方法，也是人类学最重要的研究方法之一。民族志研究方法要求研究者花费一定的时间进行实地考察，这些研究者们会沉浸在他们所研究的人的生活中（Lewis，1985），并寻求在他们的社会和文化背景下研究这些现象。目前，民族志作为一种研究方法正被越来越多地应用于管理学界。在管理学界，民族志方法选择的研究对象多集中在企业或组织现象，应用于对企业文化、消费行为、区域、民族群体及其对业务的影响等方面。这一研究方法，为解释人们在以企业组织或商业行为为背景的情境下所作出的反应，以及影响他们行为的原因，提供了一个很好的路径，便于揭示那些不容易看明白的非正式的社会结构以及紧张的行为模式。

20 世纪 90 年代以后，民族志方法已经比较广泛地应用在企业信息系统的研究中，内容涉及系统开发、信息技术管理、系统设计和评估、调查等。尽管如此，在整个管理领域，使用民族志研究方法的仍旧属于少数，故在此不多赘述。

4．扎根理论

扎根理论是寻求发展建立在系统的数据收集与分析上的理论的一种研究方法。根据 Martin 和 Turner（1986），扎根理论是"感性的理论探索方法，使研究人员可以为一个话题的一般特征建立一个理论解释，同时使这个解释扎根于经验观察或数据中"。扎根理论与其他理论的主要区别在于它独特的理论发展方法——扎根理论认为数据收集与分析之间应有连续的互动。

扎根理论方法在信息系统研究文献中越来越常见，因为该方法在发展对现象的基于上下文的、面向过程的描述和解释中非常有用（Orlikowski，1993）。Urquhart，Lehmann 和 Myers（2010）提出了一套扎根理论在信息系统中的研究指导方针。

参考文献

Myers, M.D. ,*Qualitative Research in Business & Management*, Second edition, Sage Publications, London, 2013.

Guba, E.G. and Lincoln, Y.S., "Competing paradigms in qualitative research", in *Handbook of Qualitative Research*, N.K. Denzin and Y.S. Lincoln (eds.), Sage, Thousand Oaks, 1994, pp. 105-117.

Chua, W.F., "Radical developments in accounting thought", *The Accounting Review*, 1981(61), pp. 601-632.

Orlikowski, W.J. & Baroudi, J.J., "Studying information technology in organizations: research approaches and assumptions", *Information Systems Research*, 1991(2), pp. 1-28.

Yin, R. K., *Case Study Research, Design and Methods*, 3rd ed., Newbury Park, Sage Publications, 2002.

Walsham, G., *Interpreting Information Systems in Organizations*, Wiley, Chichester, 1993.

Rapoport, R.N., "Three dilemmas in action research", *Human Relation*, 1970 (23:6), pp.

499-513.

Susman, G.I. and Evered, R.D.,"An assessment of the scientific merits of action research", *Administrative Science Quarterly*, 1978 (23), pp. 582-603.

Lewis, I.M., *Social Anthropology in Perspective*, Cambridge University Press, Cambridge, 1985.

Martin, P.Y. and B.A. Turner,"Grounded theory and organizational research", *The Journal of Applied Behavioral Science,* 1986 (22:2), pp. 141-157.

Orlikowski, W., "CASE tools are organizational change: Investigating Incremental and Radical Changes in Systems Development", *MIS Quarterly*, 1993 (17:3), pp. 309-340.

Urquhart, C., Lehmann, H., Myers, M. D.,"Putting the theory back into grounded theory: guidelines for grounded theory studies in information systems", *Information Systems Journal,* 2010, 20 (4), pp. 357-381.

第二章
案例研究方法与中国管理研究

一、经典案例研究思想：欧式 vs. 美式

前面所介绍的关于定性研究方法的定义和分类，希望能够使读者对定性研究有一个概要性的全面认知。现在我们回到本书的主题案例研究方法。在这里，我们将介绍两种经典的案例研究思想：欧式案例研究思想与美式案例研究思想，如字面含义，它们分别来自欧洲和北美。

欧洲是案例研究这种方法的创始地。经典的欧式案例研究方法倾向于阐释主义（Interpretivist），强调作者的主观意识，重视研究者自身对于现象的理解，其目的主要是记录可以被人们参考的案例，而不是一种普遍的规律、定律。这种欧式案例研究方法的使用强调对于现象的深入描述，重视具体的情境，将情境纳入研究范围，由此产生平地而起的创新。这个传统源于希腊的

哲学家：欧洲的案例研究思想比较关注的是个人观点的主观性，即某个研究者的看法跟前人的看法有什么不同。例如，我们看到的有关古希腊的影视作品里面往往会有这样的场景：几个哲人在论道，大家针对一个问题各抒己见，可以辩驳、附议。案例就好比一个活的知识体，有一群活的知识工作者通过自身对知识体的理解进行知识的交换和提升。

为什么要做案例研究？从欧洲案例研究思想的角度来说是为记录下这些优秀的经验，但这些经验并不是普遍规律，而是可以被参考的。它强调一种平地而起的创新。研究者被赋予了很大的权力，他可以认为某个案例是一个活的知识体，当然必须要证明、解释和描述，并提供一些理论来支撑他的论点和见解。因此，伴随平地而起的创新这个基本点，欧式案例研究就必然带有另外一个特点：深入的描述（Geertz, 1973），所以我们看到的欧洲案例研究一般表现为理论不多，理论贡献相对不突出，占据主要篇幅的是有关整个案例的故事性描述，因而欧式案例研究在写作上对深入描述的要求相当高。不管读者置身何处，他都能随着案例研究的文字，跟随作者的写作进入到那个情境，就好像跟着研究者一起进入到组织或者事件中去一样。

与欧式案例研究思想形成鲜明对比的是实证研究的思维。实证研究的思维是不需要情境的，不管你在世界上任何地方做实验，只要按照实验所必须的条件准备：同样的环境、同样的方法，就能够得到对的结果。这时，无须考虑其他不影响实验结果的条件。美式案例研究就倾向于**实证主义**（**positivist**），它非常强调事实或现象的客观性，强调**脱离作者个人的偏见**，其目的主要是根据对现象的研究建立一种**普遍规律和因果关系**。因此，美式案例研究更讲求有理有据，强调**在已有的知识基础上进行创新**，同时通过提升可靠性、合理性**确保研究的严谨**，而对具体的情境因素不太重视。在美式的案例研究论文中，我们可以看到在谈及案例之前，研究者会作出假设，然后通过案例的解释证明来了解这些假设是否成立。它要求在先前的知识基础上做创新，而不是欧式案例研究思想中平地而起的创新，不可以像希腊的哲学家一样将案例看成一个活的知识体，然后连篇累牍地描述这个知识体、叙述细节和理解情境。美式的思维方式会非常在意欧式案例研究中的"知识体"基于什么理论，是否有关于这个知识体的理论，这一逻辑必须以先前的知识为基础前提加以证明，它要求严谨，比较少重视情境因素，其目的是确立一种具有普适性的知识和经验。美式案例研究的思维来自科学的、理工的思考方式，从理工过渡到人文就有了现在的美式案例研究思想。Yin 在 1989 年所撰写的《案例研究方法》就是这种从理工到人文过渡、从自然科学变成社会科学的最好代表之一。通过他的这本书把案例研究当成一个带有"理工"思维的工具介绍到管理领域。

那么，这两种思想的争议是什么？这是我们在探寻新的案例研究道路的过程中无法回避的一个问题，或者我们可以这样问：经典案例研究思想的优点和缺点是什么？

欧式的优点是什么？第一个优点是有创造力，将想象赋予研究，可以用我们的想象力，根据我们看过的书、文献，了解的企业的现实状况，形成并总结出自己的看法。但是，这需要把一些已经研究过的东西重新诠释，因为它的重点是研究者需要提出前人没提过的东西，它的创新是看法的创新、理论的创新。第二个优点是叙述很丰富。但这也带来相应的问题：一是在丰富的情境、细节背后，却没提到从研究的角度需要突出的重点或者提炼出一个模型（这个模型将来可以用于 MBA 教学或做更深入的实证研究）。二是论述重复，因为欧式研究非常强调个性，针对同一个现象 100 个人可能有 100 个不同的看法，但是时空推进，情境会随之变化，所以之前的研究方法很难再复制。欧式的案例研究思想强调的是个人对知识的理解是不一样的，所以结果很独特，而且不容易类化，它强调的是个案、特色。正因为这种个性化，强调个人的诠释，欧式案例研究之美就在于那种不可言传的美，所以欧式案例研究很难总结出一套能够重复再现经典的方法延续好的研究。

美式案例研究是基于一个（知识）基础之上的，它要求知识积累必须非常丰富。当我们提交一篇论文，会被要求说明这是建立在什么基础上的，如果这篇论文被接受，也就表明研究者在所用基础上再进行的累进式创新是可以接受的，因此反过来也说明美式研究抑制完全的概念创新。美式研究重科学化的要求需要论文的结论重点突出，模型规划清晰，情境是次要的，反而更需要探讨模型、探讨最后的结论；美式研究用的是一种结构化的思维，美式案例研究要的就是结构化，为什么要结构化？原因是他们强调对知识的传承。美式研究也容易被类化，这样现有的研究只能在已有的研究路径上进行累进，受制于现有的理论框架，往往很难有新的开创。

因此对比欧美两种不同的案例研究思想可知，它们在案例描述与分析方法上迥然不同，欧式更富有创造力，美式则更偏重于结构化，结果就往往是欧式太鹤立鸡群，美式太限定于现有的理论框架。这给了我们一种灵感：我们可不可以取两者所长，既可以超脱现有理论框架实现创新，同时又有一定的结构性，便于操作、掌握和传授？

通过在最近十几年在亚洲各地的案例研究实践，我们在吸纳并蓄欧美案例研究思想的优点的基础上，摸索出了 SPS 案例研究方法。它折中了欧美两种案例研究思想：在研究创新上，倾向于在某一个理论基础上进行创新，而不是天马行空的或抑制的创新；在现象的阐述与论证上，应用充分的情境证据得出较为明确的结论；在方法论方面，注重在结构化的研究方式下更为实用主义；在研究结果上，在寻求扩展现有理论的同时，采用解析性的类化原则（analytic generalization principle）（见图 2-1）。

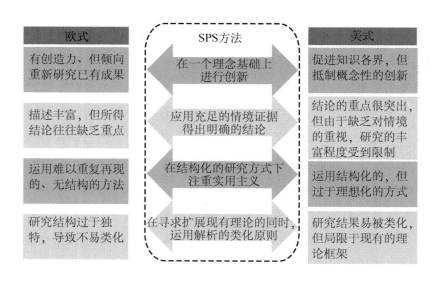

图 2-1 欧式、美式 SPS 案例研究思想对比

（1）**结构化**（Structured）。首先，构思结构化。这里的结构化指的是用结构化的思维去布局、考虑，在没有进入案例调研现场之前，就事先构思好理论的基础。在理论的基础上进行创新，就是用既有的理论，有创造力地与情境加以搭配，以期在现有理论基础上取得新的发现。其次，写作结构化。即遵循国际惯例的写作框架，不长篇大论地对案例故事进行描述，而是有针对性地用一些案例"数据"来解释结论，看（定性）数据即像看结论，反之从结论也能看到（定性）数据。

（2）**实用化**（Pragmatic）。即注重方法运用的实用性，简单、操作性强。这对于受访组织或者研究者都很实用，最重要的是，方法上的操作性不会影响学术研究所要求的严谨性。

（3）**情境化**（Situational）。即去到现场把现场有趣的东西原汁原味地带回来，上升到学术层面进行研究讨论，能够在国际上发表。

总之，SPS 案例研究方法就是采用结构化的方法与布局，通过有效的系统操作流程与基于理论的模型构建方法，帮助定性研究者根据具体情境，发掘案例中的特色与理论创新点。

具体而言，SPS 案例研究方法在**案例分析的过程上更为结构化**，将分析过程分解为 8 个系统化的步骤，这些步骤都很明确、详细，而且有较好的操作性与可复制性；在**研究方式上相对简化和实用化**，在注重研究方式可行性的同时，兼顾学术研究所要求的严谨性；在**具体操作上更注重情境化**，提出了一系列的方法来应对在案例访谈过程中所出现的偶发事件和出乎意料的情况。由于案例研究过程具有非常高的不确定性，因此可变通的研究方式是非常关键的。

SPS 案例研究方法的操作分为八个步骤：从怎样找案例、申请案例研究对象的准入，到现象概念化；收取初始的数据；选择/锁定理论视角，达到一个理论的确信点；结构化访谈；数据筛选；理论与数据、模型的校准；最后开始论文写作。按此步骤通常从第一步到第八步结束出初稿大概需要 6 个月。SPS 案例研究方法的操作性就体现在能够具体化到步骤，以及对每一步具体要达到什么样的程度有明确要求。而不管是欧式还是美式，它们共有的问题就是太抽象，讲述欧美案例研究的工具书或怎么做案例研究的文章里面所提出的建议太抽象化了。因此，用这种结构化的思维去做案例研究，而不是靠个人才华或天赋，这是 SPS 案例研究方法对案例研究领域最大的贡献（见图 2-2）。

SPS研究方法倾向于		
结构化	实用化	情境化
案例分析的过程被概念化地分解成了8个系统的、明确的步骤，详细而且有很好的可复制性	简化并且确保研究方式的可行性，同时不会影响学术研究所要求的严谨性	提出一系列方法来发现、应对偶发事件和出乎意料的数据可变通的特点正好适合过程多变数的案例研究

图 2-2 SPS 案例研究方法的三大原则

二、通过案例研究建构理论

案例研究是一种社会研究方法,用以对某一个体/群体/组织/事件等进行描述性、探索性或者解释性的分析,其焦点在于理解某种单一情境下的动态过程(Eisenhardt,1989)。案例研究的历史颇为悠久,在被引入管理学之后的百余年间,由于其能够通过生动的描述使读者达到身临其境的感受,便于理解和接受,因此被广泛用于管理学的研究与教学,并始终作为最核心的研究方法之一,在整个西方管理理论的发展中发挥了极为关键的作用,历久而弥新。究其原因,不仅仅与案例研究具有重要的实践价值有关,更为关键的是,案例研究在建构理论方面具有不可替代性。

管理学与其他学科最大的区别在于,其实践与理论研究的合一性,案例研究恰恰能够将这两者完美结合。从定义的角度来看,案例研究与生俱来地带有理论建构的作用。它是运用一个或多个案例,根据案例中的实证数据创建理论构念、命题和/或中层理论的一种研究策略(Eisenhardt,1989)。案例研究在构建理论时具有高度开拓性,这主要依赖于以下几个特性:

第一,案例研究能够有效解构复杂现象。组织或现象的发展过程往往是由复杂的环境、事件、人物、时间等构成的,它们之间的影响是交互的,其深刻的内在规律常常很难用简单的截面数据或时序数据进行解构。案例研究方法能够有效地描述已经发生的复杂事件,有利于真实、客观地反映事物的内在规律。

第二,案例研究能够深度分析个体。正如那句哲理"人不能两次踏入同一条河流"所言,大多数组织或现象的经验都是独一无二的,现如今我们无法用一模一样的手法去复制微软、苹果、阿里巴巴等企业的成功。然而,这些经验却具有很强的借鉴意义,蕴藏着亟待提炼的理论价值。案例研究重视这些个体案例的独特性,核心在于其复制性逻辑(Eisenhardt,1989),即每个案例都可以视为一个独特的实验，是自成一体的一个分析单元（Eisenhardt 和 Graebner，2007），对其进行个性化的、深入的研究。这样的研究方法尤其适用于对一些特殊的、不易获得的组织现象的研究。

第三，案例研究致力于建构知识体系。每一项学术案例研究实际上都是在挖掘新的思想和新的知识。原因是每一项案例都是全新的复杂系统，即使我们采用同一种理论对不同的案例进行解读，得到的东西也会不同。一个好的学术案例是理论与实践的完美结合，它能够通过案例事件很好地深度联系理论，并洞察和挖掘未知的事物的规律。可以说，每一个好的学术案例完成过程都是一个全新知识体系的构建过程。

1. 案例的选择

一般常见的定量研究在数据的选择上采取的是统计抽样的方法，从总体中随机抽出足够具有统计效力的样本数，目的是获得总体中变量分布的精确统计证据，从而进行假设检验。而案例研究在数据选择上采取的是**理论抽样的方法**，目的是选择符合发展理论所需要的组织样本，以拓展新兴的理论或者填补现有理论的分类等。出于这样的目的，案例研究的特性便是更加关注极端情境（而非普遍情境）。只要一个案例非常适合说明和扩展不同的理论构念间的相互关系与逻辑，即拓展现有理论，就可被选来进行案例研究。因而，所选案例是根据满足理论发展的需要而选取的，它或许是随机抽取得到的，但绝不是统计上的在大样本中进行随机抽样的概念。[1]案例研究方法的研究重心从来不在构建普适性/外部效度上，而是要求极高的内部效度。实际上，任何一种研究方法都会在内部效度与外部效度的平衡上有所取舍。当一种研究方法有着很高的内部效度时，其外部效度必然是低的。例如，行为实验的研究方法，其内部效度是不错的，但其外部效度往往很低；问卷调查外部效度

---

1. 更多说明可参见 Eisenhardt, Kathleen M., and Melissa E. Graebner, "Theory building from cases: opportunities and challenges", *Academy of Management Journal*, 50.1 (2007): 25-32。

不错,但其内部效度较低。正是因为不同的研究方法在内外部效度上各有侧重,各种类型的学术研究才能在学科发展中各展所长,互为补充,共同推动学科发展。

2. 数据收集

在案例研究中,我们综合运用多种数据收集方法,可以只使用定性数据,也可以是定性数据与定量数据结合起来使用(Yin, 1984)。但是定性数据通常是案例研究所使用数据的主体构成部分。定性数据脱离了我们对于惯例数据的理解,擅长揭示那些由定量数据揭示的关系背后的基本原理。换言之,定性数据所揭示的往往是定量数据所不能够解释的更深层次、更为错综复杂的基本原理。也可以说,根据定性数据可以直接提出理论命题,然后再通过定量数据进行检验。即便是管理大师明茨伯格也认为,虽然系统性数据是我们构建理论的基础,但真正帮助我们构建理论的还是那些奇特有趣的数据。理论构建看起来需要丰富的描述,而这种丰富性来自奇闻轶事。我们揭示定量数据中的各种关系,但只有通过使用那些定性数据才能够去解释这些关系。

三、有关案例研究的迷思

1. 关于严谨性

由于我们常年受到科学式的研究训练,所以经常会受困于案例研究是否是科学研究,有没有严谨性这样的问题。在这里我们需要对此进行说明。

让我们回到管理学这个研究领域本身,如同任何一个学术研究领域的发展一样,它的发展需要依赖于理论的构建和测试。[1]管理学研究中最常见的定

---

[1]. Colquitt, Jason A., and Cindy P. Zapata-Phelan, "Trends in theory building and theory testing: A five-decade study of the Academy of Management Journal", *Academy of Management Journal*, 50.6 (2007): 1281-1303.

量研究往往是基于既有理论进行理论测试，从而在一定程度上验证、拓展既有理论体系。而案例研究的核心目标是理论构建[1]，即通过挖掘奇特有趣的、能够带来理论创新的个案，解读其中的规律，提出新的理论，从而推动相关理论体系的发展。案例研究在理论构建方面极具开拓性和创新性的价值，是定量研究所无法比拟的。因此，自经典研究的学者们开始，案例研究学者们就清楚地认识到了建构理论的研究与验证理论的研究之间在方法论上的这种互相依存的关系。不论是测试理论适用的研究方法，还是构建理论适用的研究方法，它们都是科学研究的方法。而且，如前所述，经典的案例研究也同样是建立在理论抽样、对概念的先验测度、明确的研究问题、多个受访者以及现有文献等的基础之上，不论是 Yin 还是 Eisenhardt，即便没有非常清晰地说明案例研究方法操作的步骤，但他们都给出了案例研究方法应该要依据的原则。这也从另一个角度说明了，案例研究方法并不是写故事这么简单。

2．关于方法论

由于对案例研究缺乏足够的认识，许多读者可能会有这样的疑惑：案例研究只选择了一家或者几家企业来研究，这样得出的研究成果怎么能具备普适性（即外部效度）呢？在这里我们也特别对此进行说明。

定性与定量两种方法论从推动学术发展的角度而言，分工不同、作用不一，不能够单纯地从方法优劣角度去评论。定量研究更多地在案例研究所构建的理论基础上不断地测试和完善理论。首先，案例研究更多地服务于理论的构建，从复杂而有趣的现象中发掘和构建新的理论，这是对研究者更大的挑战，难度不逊于甚至超过了定量研究。其次，从研究问题提取的角度来看，定量研究往往在已有研究的基础上寻求扩展，提取更多验证性问题；而案例

---

1. Eisenhardt, Kathleen M., "Building theories from case study research", *Academy of Management Review*, 14.4 (1989): 532-550.

研究深深根植于企业实践,所聚焦的议题与提出的理论往往更贴近实践,最容易获得业界人士的共鸣并带给他们启迪。然而,会有一些定量研究者由于没有受过相应的训练而对案例研究方法存在误解,可能会想当然地认为其他方法更为优越。最后,从数量上看,尽管案例研究论文在产量上远不及定量研究论文,但这不能撼动案例研究方法的理论价值与学术地位。案例研究论文时至今日也常常被认为是"最有趣"的研究,并且往往成为管理学顶级期刊《美国管理评论》(*Academy of Management Journal*,AMJ)等所发表的论文中最频繁引用的一类文章[1],案例研究的影响力与其数量恰成反比。

3. 单一案例 vs. 多案例

还有一些刚刚开始案例研究的读者可能还会疑惑于案例数量的问题,这往往来自我们研究思想深处的定量思维。通常,从定量研究方法的运用来说,样本量越大,得到的研究结果外部效度就越高,越具有普适性。那么,这种思维是否同样适用于案例研究呢?是否案例研究也需要通过案例数量的增加来提高研究的"严谨性"或者外部效度呢?关于这一点,还需要从研究方法的本质和研究方法于研究中所起的作用出发来看。早在 1991 年,Eisenhardt 就给出了这样的说明:关于案例数量的争论掩盖了案例研究的一个核心问题,即关键不在于两个案例是否优于一个案例,或者说四个案例是否优于三个案例,合适的案例数量取决于多少信息是已知的、多少信息可以从增加的案例中获得。也就是,选择什么案例,选择几个案例,要从案例对于理论抽样的需要角度出发。如果一个案例所蕴含的信息足以能够说明构念之间的相互关系和逻辑,那么就没有必要增加更多的案例来重复佐证,除非增加的案例能够扩展更多的理论。

---

[1]. Eisenhardt, Kathleen M., and Melissa E. Graebner, "Theory building from cases: opportunities and challenges", *Academy of Management Journal*, 50.1 (2007): 25-32.

四、从中国的管理创新到理论

随着中国经济的发展,大量的中国企业迅速成长,以华为、海尔、阿里巴巴等为代表的众多企业已经成为国际经济中的弄潮儿。

以笔者从事研究的信息管理领域为例,我国互联网企业不仅实现了自身的蓬勃发展,还引发了一系列独特的社会现象,如"淘宝村"等。数字化的信息技术无论在商业领域还是社会领域都扮演了极其重要的角色,一方面是因为信息技术在当今商业竞争中所扮演的战略性地位举足轻重,另一方面则是因为信息技术在中国社会的数字化实践正在并且还将长期处于迅速的发展扩散过程中。20 世纪 90 年代,互联网刚刚进入中国,很多企业在 21 世纪初还在谈信息化的问题,但是时至今日我们已经实现了无处不在的互联,即便是过去被"数字鸿沟"隔绝的大多数农村地区也开始应用互联网和从事电子商务。中国的企业已经可以充分应用最新的信息技术,诸如云计算、大数据和物联网,来辅助、引导和管理企业的运营。甚至,中国出现了中国移动、阿里巴巴、海尔等一批拥有先进的数字化商业实践的公司。这些企业又进一步推动了互联网、信息技术创新在全国范围内的扩散。数字化引发的商业和社会创新现象在中国呈现蓬勃发展的态势,在我们身边有着越来越多值得关注的现象。总之,从企业数字化创新到"淘宝村",从高铁到数字化博物馆,如何更好地了解和阐述中国企业管理模式的演进和新兴的社会创新现象的发生、发展,并形成具有中国特色的管理知识体系,是学术界和实业界都非常关注的问题。

如何将越来越多的中国特色的管理问题上升到理论层面?从理论构建的角度,从结合实践问题的角度,案例研究方法都是不可或缺的。因此,近年来,案例研究方法日渐受到国内管理学界和企业界的关注和重视。然而,对国内学者而言，应用经典的案例研究方法往往会遇到一些这样那样的障碍。这些障碍主要源于两个方面：一方面是既有的欧美经典案例研究方法在学习、操作中的局限，与案例研究初学者们在学习、发展中的种种需求之间的矛盾导致的；另一方面是国内学者投稿国际学术期刊时在语言上的局限性导致的。

面对这些障碍，SPS 案例研究方法有自己独特之处，可以帮助案例研究者比较容易、快速地对中国特色的管理问题展开研究，这体现在以下四个方面：

第一，经典案例研究方法在研究方法的阐述上是非常抽象的。尽管其对于案例研究的核心原则有系统的阐述，但是对于一般学者，特别是案例研究的初学者，往往难以基于这些阐述就完成实际操作。对于通常被认定为"只可意会，不可言传"的操作过程，案例研究者往往只能通过长期的理论积累和亲身实践，并配合较高的悟性，才能做出高水平的案例研究。因此，长期以来，案例研究的准入门槛极高，成功经验难以复制。而 SPS 案例研究方法则通过结构化地将案例研究的过程进行分解并逐一细致阐述，为众多正在学习、体会案例研究方法的学者提供了明确清晰、行之有效的行动指南，为他们对有中国特色的管理问题进行卓有成效的案例研究提供了可能。

第二，经典的案例研究方法对于案例研究的具体方式往往提出极为理想化的要求，同现实情况存在较大距离。例如，经典的案例研究要求研究者在数据收集方面获取极为广泛的数据，并长时间地进行追踪研究。然而，在我国目前的现实情况下，这样的要求可行性并不高。一方面，对研究者而言，每一次去访问企业都是难能可贵的机会，无论是调研的企业范围，还是调研的时长都不是由研究者自身可以充分控制的。很多企业真正给予调研人员的访谈总时长可能不过几天时间。特别是当调研的内容涉及企业众多中高层管理人员时，收集数据的难度可谓呈几何级数增长。另一方面，目前我国的案例研究者大多来自高校和科研院所，在现实的工作环境中难免有要出学术成果、发表文章的压力,这也要求他们尽可能地压缩不必要的时间成本,尽快完成研究。针对这些现实问题,SPS 案例研究方法十分强调案例研究过程的实用性,在不影响学术研究应有的严谨性的基础上,尽力简化并确保研究方式的可行性。

第三,经典案例研究方法倾向于使用一种固定的方式在研究中取得最为理想的结果,从而确保研究的严谨性,却相对忽视了案例研究调研过程中出现的多种可能性。然而,案例研究的实际过程绝非事前可以充分预见的,在调研现场我们往往会遇到出乎意料的事件,得到意想不到的信息,而这些恰恰很可能是案例研究中真正的亮点,蕴藏着真正值得总结和提炼的管理经验。因此,SPS 案例研究方法强调,为了做出贴近企业实践的、原汁原味的案例研究,案例研究者应该在案例研究的情境中学会充分应对种种偶发事件以及出乎意料的数据,以可变通的研究方式尽可能把握每个案例的精髓。

第四,中国学者在国际上发表案例研究论文时要面对很多挑战。表 2-1 列举了最常遇到的几种困难,例如不了解如何进行规范的案例研究,缺乏发掘有趣现象的能力,缺乏应用理论的能力或不了解理论体系,以及缺乏国际期刊的案例研究论文发表经验。而这些困难在我们构建 SPS 案例研究方法的过程中都尝试给出了可行的解决方案。

表 2-1 中国学者在进行案例研究时所遇到的困难

中国学者案例研究中遇到的困难	SPS 给出的解决方案
案例研究方法不完善、不规范	系统性的方法
缺乏现象发现的能力	因地制宜,操作性强;不断修正对研究情境的判定
缺乏应用理论的能力	有创意性地应用相关的管理理论
缺乏国际发表经验	结构化的案例写作和完善过程

SPS 案例研究方法不仅可以帮助中国案例学者走上国际舞台,还能够迅

速帮助中国学生掌握案例研究的基本方法。中国学生在学习案例研究的很长一段时间内都会在理论基础、现象抽象能力、理论挖掘能力、高效访谈能力、案例写作能力等方面受到重重考验。没有有效的方法论引导，学生往往无所适从。而 SPS 案例研究方法的高度可操作性恰能使学生有章可循，尽早掌握案例研究的基本方法，甚至通过结构化的写作在一定程度上弥补学生英文写作方面的劣势，尽快完成一篇高质量的、能够在国际期刊上发表的案例研究论文。表 2-2 对这一问题进行了详细的说明。

表 2-2　中国学生在进行案例研究时所遇到的困难

中国学生在进行案例研究时遇到的困难	SPS 给出的解决方案
传统的方法高度抽象，难以领会	有章可循，易于上手
逻辑思维不清楚，建模过程难以理清头绪	基于图形化的表现方法，直观梳理构思逻辑
欠缺通过访谈过程有效获取所需数据的能力	建立富有实用性的访谈框架
撰写论文的经验与能力的缺乏	提供文章撰写框架，帮助学生组织内容
投稿国际期刊对英文写作能力提出较高要求	逻辑性强、理论性强、简洁有力、结构性的写作方式

综上所述，相信读者可以了解，对 SPS 案例研究方法的学习可以提高案例研究的可操作性和发表效率，从而使得更多的研究者可以掌握案例研究的方法并借此探索新的管理理论，也让更多的中国学者可以将中国独特的管理实践经验介绍给国际同行。我们也期待 SPS 案例研究方法在国内管理学界的应用和传播可以使更多的研究者践行管理研究的实践性。

参考文献

Clifford Geertz,"Description: toward and interpretive theory of culture", *The Interpretation of Culture*, NY: Basic Books, 1973.

Eisenhardt, K. M., "Building theories from case study research", *Academy of Management Review*, 1989,14, 532-550.

Eisenhardt, K. M. & Graebner, M. E.,"Theory building from case studies: opportunities and challenges.", *Academy of Management Journal*, 2007,50(1), 25-32

Yin, R. K. , *Case study research: Design and Methods*,Newbury Park, CA: Sage,1984.

Myers, M.D., and Newman, M., "The qualitative interview in IS research: examining the craft", Information & Organization, 2007 ,(17:1), pp 2-26.

第三章
SPS 案例研究方法精要

3 个原则：

结构化、实用化、情境化

8 个步骤：

（1）**申请准入**　选择有趣的案例获得对方（企业或其他组织）的准入设计循环：2—4 循环直到达到理论确信点

（2）**现象概念化**　使用二手数据，将在企业中观察到的有趣的现象尝试用理论来解释

（3）**初始数据收集**　从企业联络人处获得更为准确的资料

（4）**建立并完善理论视角**　根据初始数据选择适合的指导理论，形成理论视角，推荐使用新兴、热门的理论，当初始框架可以概括研究现象的本质时达到理论确信点

调研提升循环：5—7 循环直到达到理论饱和点

（5）**结构化访谈**　准备访谈问题——探索性访谈——聚焦性访谈

（6）**数据筛选**　基于初始框架，注意把握访谈的形势，在受访者的言谈中筛选有用的数据，同时针对缺乏数据支持的模型元素进行删减，出现新数据时对理论元素进行补充

（7）**理论、数据、模型校对**　用理论模型引导数据收集，用数据来完善理论模型，当数据与理论模型充分一致时达到理论饱和点。

（8）**撰写报告**　当理论模型已经非常完善时就可以进行写作，SPS 强调结构化的写作，国际期刊写作的结构范式，以及表格、图表的运用

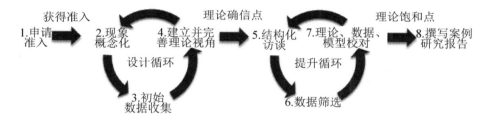

参考文献：Pan S. L. and Tan B. , 2011,"Demystifying case research: A structured-pragmatic-situational（SPS）approach to conducting case studies", *Information and Organization*, vol.21:3, pp. 161-176.

6 个设计逻辑（Framing Logic）：

特征逻辑（Nature/Characteristics Logic）

类比逻辑（Analogy Logic）

组件逻辑（Component Logic）

流程逻辑（Processual Logic）

生态系统逻辑（Ecosystem Logic）

赋能逻辑（Enablement Logic）

8 个范式模型：

动态模型	静态模型
阶段式建模	分类式建模
流程式建模	布局式建模
转型式建模	对比式建模
路径依赖式建模	多级式建模

第二部分

SPS 案例研究方法的基本流程

第四章
基本操作流程

一、基本流程概述

　　SPS 案例研究方法的基本操作流程共由 8 个步骤组成，其中又贯穿了两个重要循环：设计循环与提升循环（见图 4-1）。

　　第一个步骤是研究者针对想要研究的案例企业或事件相关方取得研究许可。当这个步骤完成后，研究者将进入到"设计循环"。

　　在这个循环的初始阶段，研究者需收集相关的背景资料（Strauss 和 Corbin，1998），这是为了让研究者在正式收集数据前大致了解研究现象。这些背景资料包括与研究现象相关的报告，案例公司（即被研究的对象）的背景材料，以及与研究现象有关的理论材料（Walsham，2006）（理论材料将有助于之后的建模过程）。

SPS 案例研究方法：
流程、建模与范例
Structured-Pragmatic-Situational(SPS) Approach to Conducting Case Studies

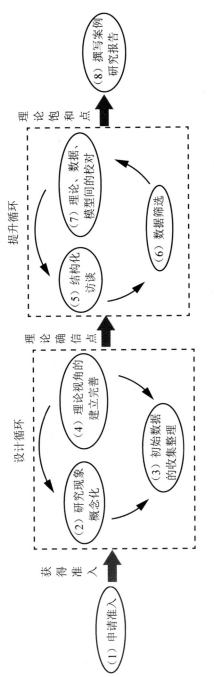

图 4-1 SPS 案例研究方法的基本流程：8 个步骤与 2 个循环

在掌握了背景资料之后，研究者可以着手同案例公司的高层人员进行访谈（Hallen 和 Eisenhardt，2008），所得信息将被整理成为初始数据。根据这些初始数据的形态，研究者可以引入相关的指导理论来建立一个"理论视角"（Klein 和 Myers，1999）。这个视角可以用来指导下一步数据收集的方向，新数据也可以用来修改并拓展此视角，这是一个往复循环的过程。通过数据与理论视角的融合，研究者会得到一个初步的理论框架。当新数据的出现不再对理论框架造成影响时，研究者即达到了"理论确信点"。到达这个点之后，理论框架基本成熟，可以被运用到案例研究具体实践中，设计循环结束。

设计循环结束之后，研究者就可以进入"提升循环"。

提升循环开始于结构化访谈。针对新的访谈数据，研究人员可以利用一系列定性数据分析的策略（Langley，1999），将它们编码、整理和分析。这些新数据，可以验证并充实理论框架，从而将理论框架构造成一个内容丰富的理论模型。理论模型要与实际数据以及现有文献吻合（Klein 和 Myers，1999）。这个吻合的过程不是一蹴而就的，而是需要研究者反复地来往于模型——数据——文献三者之间，进行反复磨合。在这个过程中，理论模型将不断地被丰富与完善（Eisenhardt，1989），直至模型达到理论饱和的状态（Glaser 和 Strauss，1967），即所得到的模型可以充分解释案例数据，且不再需要额外数据来支持这个模型。除此之外，理论模型还要得到信息提供者的认可（Neuman，2005）。当理论模型通过认可之后，研究者就可以结束提升循环。

最后，研究者就要进入最后一步——撰写案例研究报告。

二、步骤1：取得研究许可

通常，我们接触到的经典案例研究方法专著或是文献中会提及，案例研究者应该首先设计出完整的研究计划（Yin，2003），或者至少事先确定研究问题（Eisenhardt，1989），然后再开始进行案例研究。这种方法本身并没有什么问题。由于其针对性和目的性都较强，假定研究人员确实能够接触到一个合适的组织，那么这种方法其实可以使研究者在理论和实践方面都有更多的发现（Walsham，2006）。

然而，以我们日常进行案例研究实践的经验来看，这种先有完善的研究计划的方法在实践中往往不一定适用。这是因为，相对而言，设计研究计划和确定研究问题是比较容易做到的，而找到一家适合当前的研究计划或者适合作为情境去探讨研究问题的企业或是现象是一个难题，此其一。其二，即便能够万里挑一找到了能够适合研究计划所设计情境的企业或者现象，我们还需要得到企业或者相关方的许可才行，允许我们进入并开展访谈，这又是一个门槛。因此，从实际出发，我们建议案例研究者首先从选择案例开始。那么，选择什么样的案例呢？已有的文献已经指明了一些可参照的方向：以信息系统领域的研究为例，一个吸引人的案例可以来自一家国际知名企业（Tan，Pan，Lu 和 Huang，2009），也可以是一个极端的 IT 现象（Weick，1993），还可以是一个不容易取得访问权力的 IT 现象（Pan 和 Devadoss，2005）。

我们之所以认为研究者应该从寻找案例开始，还有另外三个原因，这些经验既来自已有研究文献的总结，同时我们在近几年的案例研究实践中也完全证实了：

第一，如果不是研究者有朋友或者亲属在受访的企业里担任要职，否则从此间获得研究许可的可能性微乎其微（Yin，2003）。

第二，如果从有人脉关系的企业开始去联络案例访谈，获得许可的机会远比随机选择案例企业来得高。这种有准备的选择方法也被称为"计划性的搜索"（Pettigrew，1990）。这里的计划性搜索主要指的是，案例学者需要根据自己所在的研究领域、研究经费充裕程度，以及访谈机会等因素，有一个制订的长期计划。但具体在短期内要访谈哪一个企业或者现象，就需要评估其他的一些因素了，比如"深谋远虑和意图，机会，机会主义和环境的准备"等。这样，基于资源和机会方面的考虑，就会具体做出某个特定案例的选择了。

第三，有趣的案例更易于推广，更易为期刊所接受，因为其有趣的部分可以弥补理论贡献或实践贡献方面的不足（Siggelkow，2007）。Siggelkow（2007）的"会说话的猪"这个比喻支持了这一观点。会说话的猪几乎没有理论或实际意义，但如果以"有一只会说话的猪"为案例，想象它会激起怎样的兴趣。他进一步指出，"比起那些只强调理论性结论与理论发现的文章，有趣的文章更难写。通过文章给读者展现的不仅仅是文章本身，更重要的是以一种新的方式去看世界"。所有的事情都是平等的，我们认为有趣的案例其吸引的潜在读者绝不仅仅是少数。

除此之外，研究者在接触案例企业之前也应该相对比较慎重。因为案例的访问申请并不像做定量研究时随意发出的问卷，发出1000份可能有500份问卷会回来就可以达到研究所需的要求。通常一个案例的访问可能会花费受访企业一些人力和时间，在业务繁忙、竞争激烈的当下，这对他们来说需要很大的宽容和忍耐，必须要有足够的理由让企业觉得值得用这些人力和时间去换一份案例研究报告。根据我的经验，如若轻易地去案例企业申请访谈，十个这种"不请自去"的申请，九个会被忽视，剩下的一个则很可能被拒绝。正如我们之前所说，如果研究者能够取得案例企业里担任要职的人的帮助（这些人可以是朋友、亲人、校友、总裁培训班里的学生，或者学校曾邀请过的演讲者），那么申请成功的可能性会大大增加。如果研究对象是非本国的企业或者现象，那么找到当地的合作伙伴（例如，当地的大学或政府机构），取得进入研究的许可也会容易很多。除此之外，通过和一些有地位或特权的机构合作，研究者也能增大成功机率。例如，我们曾有机会和新加坡政府赞助的研究机构合作，那次合作使我们有机会接触到很多有趣的新加坡国有企业，这其中包括之前拒绝过我们研究申请的企业。综上所述，联络有人脉关系的企业，往往比较容易得到许可，研究者可以从这个角度出发去寻找案例。

除了广泛的人脉关系，做到以下几点也可以帮助研究者更容易地取得进入企业或者现象进行案例研究的许可：首先，研究者要有出色的社交能力（Walsham, 2006）。其次，研究者还应在第一次与案例企业沟通时，就明确提出研究目标、所需资源（主要包含可能的访谈及需要对方提供的二手资料），以及介绍参与数据收集的研究人员（Yin, 2003）。再次，虽然大多数公司在准许研究者进行案例研究时都是不计回报的，但是如果研究者能使自己的研究成果对案例公司有一定的指导意义或者宣传意义，那么研究者也更容易在今后再次得到这些机构的帮助。最后，研究者也需要事先做好访谈的准备，联系相关的员工和确定访谈时间等。这个过程需要案例企业或能够协调的机构中高层人员的帮助，以便尽早取得相关人员的资料和确定这些人的日程安排。总之，研究者应尽量提前制订好访谈计划，避免对案例公司不必要的打扰。在取得进入企业或组织进行案例研究的许可并安排好访谈计划之后，我们就可以进入到设计循环。

参考文献

Strauss, A., & Corbin, J., *Basics of Qualitative Research: Techniques and Procedures for Developing Grounded Theory* (2nd ed.), Thousand Oaks, CA: Sage, 1998.

Walsham, G., "Doing interpretive research", *European Journal of Information Systems,* 2006 (15:3), pp 320-330.

Hallen, B.L., and Eisenhardt, K.M., "Catalyzing strategies: How entrepreneurs accelerate inter-organizational relationship formation toe secure professional investments", in: Working Paper, 2008.

Klein, H.K., and Myers, M.D., "A set of principles for conducting and evaluating interpretive field studies in information systems", *MIS Quarterly,* 1999 (23:1), pp 67-93.

Langley, A., "Strategies for theorizing from process data", *Academy of Management*

Review, 1999 (24:4), pp 691-710.

Eisenhardt, K.M., "Building theories from case study research", *Academy of Management Review*,1989 (14:4), pp 532-550.

Neuman, Glaser, B.G., and Strauss, A., "The Discovery of Grounded Theory: Strategies for Qualitative Research", Aldine de Gruyter, Hawthorne, NY, 1967.

L.W., *Social Research Methods: Qualitative and Quantitative Approaches*, (6th ed.), Allyn and Bacon, Boston, MA, 2005.

Yin, R.K., *Case Study Research: Design and Methods*, (3rd ed.) Sage, Thousand Oaks, CA, 2003.

Tan, B.C.C., Pan, S.L., Lu, X., and Huang, L., "Leveraging digital business ecosystems for enterprise agility: The tri-logic development strategy of Alibaba.com", in International Conference on Information Systems, Phoenix, USA, 2009.

Weick, K.E.,"The collapse of sensemaking in organizations: The Mann Gulch disaste", *Administrative Science Quarterly* ,1993(38:4), pp 628-652.

Pan, S.L., Pan, G., and Devadoss, P.R. ,"E-government capabiltiies and crisis management: Lessons from combating SARS in Singapore", *MIS Quarterly Executive*, 2005 (4:4), pp 385-397.

Pettigrew, A.M.,"Longitudinal field research on change: Theory and practice", *Organization Science* ,1990(1:3), pp 267-292.

Siggelkow, N., "Persuastion with case studies", *Academy of Management Journal*, 2007 (50:1), pp 20-24.

第五章

设计循环：构思

一、步骤 2：研究现象概念化

在取得进行案例研究的许可后，研究者需要马上把研究重心转移到收集资料上。这些资料主要包括两个部分。

首先，案例研究的特点是贴近实践，因此研究者最先需要收集的往往不是学术文献，而是一些非学术性的资料，例如市场上与研究对象相关的畅销书、传记、信件、报纸、网络新闻，甚至是常被学者轻视的维基百科等。以我们的经验来说，国内的案例学者可以时常关注一些商业性期刊杂志，以及像微博、微信等新媒体，因为最新鲜的信息往往都形成从新闻媒体、自媒体中爆料。这些非学术性资料可以帮助研究者对所研究的案例形成一个大概的认识（Strauss 和 Corbin，1998）。这个认识非常重要，不仅可以提高研究者对于发现、确立案例问题的敏感度，还可以帮助研究者为将来的数据收集做准备，例如有利于准备初次访谈的问题（Darke，Shanks 和 Broadbent，1998）。

不论采用哪一种路径或者方法进入案例企业或者现象进行访谈，尽可能多地收集有关组织和现象的背景信息，始终是案例研究一个很好的做法。如果采用"计划性搜索"的方法，那么这些信息的重要性显而易见，因为研究者对从哪儿开始研究未必有具体明确的想法。但如果是事先就确定了研究问题或者研究课题，然后再开始寻找案例的话，研究者会经常发现在该领域所感兴趣现象的信息并不是他想象的那样（Meyer，2001）。当发生这种情况，事先搜集的背景信息可以帮助他们立即切换到一个新的研究课题（Eisenhardt，1989），避免浪费难得的访问机会。

其次需要搜索的一类资料来自学术文献。研究者应当在案例研究开始之前广泛阅读与案例相关的理论，并且挑选合适的候选理论（Walsham，2006）。虽然对这种在正式收集数据前就选择理论的做法一直比较有争议（Halaweh，2008），但我们认为，如同其他的定性研究一样（Eisenhardt，1989），案例研究本来就不可能完全避免现有理论的干扰（Glaser 和 Strauss，1967）。在研究过程中，我们相信在研究者能够灵活和独立地分析问题，并且不会因个别候选理论而钻牛角尖（Walsham，1995）。除此之外，熟悉理论更重要的意义还在于，它让研究者对定性数据中的细小差异更加敏感（Strauss 和 Corbin，1998）。这在对大量定性数据进行分类和处理的时候是非常重要的（Weick，2007）。不过在研究过程中，研究者也需要随时审视自己之前的理论准备是否有限制自己思维（Strauss 和 Corbin，1998）或阻碍自己接受新的定性数据（Walsham，1995）的情况存在，同时也应该警惕理论模型与现实数据是否相差很远，或是理论建模时存在牵强附会的情况。

在这里，我们用阿里巴巴的例子（Tan，2009）来进一步说明这个步骤。2008 年，在取得阿里巴巴的研究许可之后，我们立即开始收集相关的二手资料，包括各种记录阿里巴巴发展和公司策略的书籍。因为阿里巴巴是中国互联网企业的代表，同时也是世界上最大的 B2B 电子商务门户之一，因此中文图书市场上相关书籍很多。在此基础上，阿里巴巴研究与培训部的副总裁也给我们提供了一些内部资料。我们利用这些二手资料列出该公司大概的商业活动时间表，结果发现，这些商业活动可以笼统地被划分成三个战略性阶段：在第一个阶段（1999—2004），阿里巴巴的商业活动主要依仗其特殊能力来展开，这些能力包括其对中国中小企业市场的熟悉；在第二个阶段（2005—2006），商业活动主要依靠创新开发和提升公司现有能力；在第三个阶段（2007—2009），其商业活动又侧重于提升其交易平台上客户的能力。

我们根据这些归纳，再次查阅了相关的理论文献。结果发现，公司第一阶段的战略与"资源基础论"（Barney，1991）和"动态能力"（Teece，Pisano 和 Shuen，1997）理论有相似之处；第二阶段的战略与"超竞争"（D'Aveni，1994）和"IT 支持的企业敏捷性"（Sambamurthy，Bharadwaj 和 Grover，2003）理论有相似之处；而第三阶段的战略与"复杂性理论"（Brown 和 Eisenhardt，1997）和"商业生态系统"理论有相似之处（Iansiti 和 Levien，2004）。于是，我们又仔细研究了与这些理论相关的文献。虽然并不是所有的理论到最后都有用，但这些准备至少让我们对下一步的理论构建有了一定的方向，并且也为数据收集提供了帮助。

二、步骤 3：初始数据的收集整理

访谈是案例研究最主要的数据来源，它为我们这些外部人员提供一个全面了解受访者想法的机会（Walsham，1995）。因为已有很多文献在如何做访谈方面有详细的介绍（Myers 和 Newman，2007），我们就不在这里重复了。不过值得强调的是，初次访谈跟之后的那些访谈非常不同。初次访谈更侧重于探索，而之后的二次访谈则更侧重于确认。初次访谈的对象范围也相对较窄，仅限于几个人，其目的主要是帮助研究者更好地理解案例的现象，修正之前理解上的一些偏差。受访者不需要对公司的各个方面都了如指掌，但是他们必须知道公司哪些员工知道研究者所需的信息。然后，根据这些受访者提供的信息，研究者可以联系到他们推荐的相应员工。这种抽样方法类似于"雪球式抽样"或"连锁式抽样"（Biernacki 和 Waldorf，1981）。由于这种抽样方式存在一定的主观性，因此受到的批评很多。可实际情况是，研究者并没有自主选择访谈对象的权力与能力。在这种情况下，他们所能做的也只有依靠受访者的推荐，但研究者应不断提醒自己注意受访者的推荐是否存在偏见和对事实的歪曲（Klein 和 Myers，1999）。

初次访谈之后，研究者应整理数据，为之后的理论建模做准备。我们建议整理过程应当注意数据的整体分布。这种分布大概分为两种：第一，有些数据分布按时间顺序呈演化状态，例如一间公司 IT 策略的演化或者系统实施的演化。对于这种数据的整理，最好是以时间为轴，将数据分布在不同的时间段（Langley，1999）。至于呈现方法，研究者可以利用图表，将公司的主要事件和战略决策按顺序画在一个时间表上（为了进一步了解，读者可以参照 Pan，Pan 和 Newman，2009）。此表不仅可以清楚地描绘出各个演化阶段，还可以为研究者提供整个演化过程的全貌，帮助研究者更好地理解所收集的数据（Klein 和 Myers，1999）。第二种数据形态与时间没有太多关系。它们大多呈现公司的特定组织结构（Pan，Pan，Chen 和 Hsieh，2007），或是呈现出一些相互关联的因子（Kim 和 Pan，2006），再或是反复出现一些与时间无关的流程安排。面对这类数据，研究者可以通过比较数据的相同点和不同点，来将数据分成不同主题（Walsham，2006），并将这些主题归类。这种方法也叫做"开放式编码"（Strauss 和 Corbin，1998）。

在这里，我们用台湾客服科技公司（TT&T）的例子来说明。该公司在台湾为很多本地企业提供呼叫中心的外包服务（Pan et al., 2007b）。我们首先访谈了公司战略发展办公室的副主任。我们也是通过他得到了对该公司的进入研究许可。这第一个访谈，使我们了解到了呼叫中心的基本运作方式，也让我们意识到台湾客服科技公司的独特之处：在拥有大量不同行业客户的情况下，公司却可以在这些客户间实现无缝切换。之后，我们向这位副主任提出了此次研究所需要的信息。根据我们提的要求，他联系到了有关人员。而这次访谈最大的收获在于，它使我们意识到，台湾客服科技公司的现象是一种周而复始的例行流程。这个流程与时间无关，而且并不随时间演变。受这次访谈的启发，我们在之后的数据收集过程中，将所得数据按照流程中的主题来分类，而非按照时间来分类。

三、步骤 4：理论视角的建立完善

当收集和整理完初始数据之后，研究者就进入了理论构建的初级阶段。有人可能会问，是不是在构建理论前收集的数据越多，对理论构建越有帮助？其实并不尽然。相反，理论构建应该尽早地开始，因为这样才能更好地利用案例研究方法的灵活性优势（Eisenhardt, 1989）。构建理论应该从选择合适的指导理论开始（Walsham, 2006）。虽然这个选择因人而异，但所选的理论也应当尽量符合研究的视角（Yin, 2003），同时与所收集的数据有一定的相似性（Eisenhardt, 1989），并能提供深刻的见解（Walsham, 2006）。在寻找指导理论时需要注意，有四种理论是不能作为指导理论的：第一，过时的理论不能用，因为人们会认为这类理论跟现在的研究无关；第二，不成熟的理论不能用，因为这些理论还不足以为构建新理论提供坚实的基础；第三，过度使用的理论不能用，因为别人将很难弄清楚究竟是指导理论解释了研究问题,还是新构造的理论解释了研究问题;第四,只注重实际的理论不能用,因为它们很难用学术的语言来阐述。

指导理论选择好了之后,下一步便是将这个理论进行分解。因为一个成熟的指导理论往往包括很多理论单元,但并不是任何单元都与所研究的现象有关,同时这个分解的过程也会使研究者对指导理论有更深刻的理解。在分解的过程中,研究者应当将相关的理论单元挑选出来,然后将这些单元组成一个理论视角。这个理论视角就是研究者将来收集数据的指导(Klein 和 Myers,1999)。理论视角可以被想象成是一个未被填充的表格。为了更清楚地阐述,我们这里还是引用阿里巴巴的例子。

在阿里巴巴的案例中,我们选择资源基础论作为我们的指导理论(Barney,1991)。资源基础论最主要的论述就是公司可以运用有价值的资源和能力使其在市场中获得竞争力。这个理论又可以进一步被拆分成三个单元:公司特有的能力、公司的竞争优势,以及两者间的关系。然后,我们可以拿这三个单元组成我们的理论视角(见表5-1)。

表 5-1 在资源基础论上所形成的理论视角

理 论 单 元	例 证
公司特点	
竞争优势	
公司特点决定竞争优势	

理论视角有两个重要的作用:第一,它可以完善研究者之前对研究现象的理解(正如步骤2中所阐述的);第二,它可以用来准备第二次访谈所需要的问题(Strauss 和 Corbin,1998),并整理已有数据(如步骤3所阐述的)。这个数据整理的过程,也就是将所得数据填入表5-1右侧一栏的过程。

然而,仅仅填表是不够的,否则研究也就变成了用现有数据解释已有理论的解释型研究(Yin,2003)。研究者还需要不断用新理论、新理论单元或辅助理论来解释与现有理论视角不符合的数据（Weick，2007），这些不符合的数据可以进一步完善理论视角。完善后的理论视角又被称为"理论框架"。

我们曾经研究过印度最顶级的 IT 服务和咨询公司之一（Ravishankar et al.，2011），这个案例能够很好地解释如何构造理论视角和理论框架。

在这个案例中，我们的研究对象是公司的三个不同的业务单元。这三个单元都参与知识管理系统的实施运营。虽然很多信息系统学科的文献研究了知识管理系统的实施，但是我们发现，以前的研究者很少考虑战略与实施一致性，尽管它对于知识管理系统的实施至关重要（Schultze 和 Orlikowski，2004）。所以，我们便利用一致性文献中的理论单元建立了我们的理论视角（Sabherwal，Hirschheim 和 Goles，2001）。但是，我们在随后收集数据时发现，战略与实施一致性的问题不仅在公司层面上存在（Chan，2002），而且在一些亚文化群体中也存在，并且亚文化群体层面上的一致性也对知识管理系统的实施效果有着深刻的影响。因此，我们又从有关"亚文化群"的文献中选出了相关的理论单元（Martin 和 Siehl，1983），并用其完善之前的一致性理论视角，从而构造了新的理论框架。这个新的框架可以被看做一致性与亚文化理论的结合体。

在设计循环中，理论框架在研究现象被概念化以后，通过搜集整理各种资料并结合理论视角被不断完善，直到研究者确认新数据的采集将不会对这个框架有所影响。此时，理论框架应该可以概括研究现象的本质，即理论框架中的概念和论点已经能够准确地描述现实的情况，我们称这种状态为"理论确信点"。之后，研究者可以通过图表的形式，将理论框架和对应数据展现给信息提供者，请他们来确认这个理论框架是否体现了真实情况（Neuman，2005）。除此之外，研究者还应当确认所得的理论框架能够对现有理论做出贡献。虽然目前还没有明确的标准来衡量理论框架的优劣，但研究者至少要思考以下三个问题：第一，这个理论框架对于研究对象相关方面文献是否有贡献；第二，这个框架对于所选的指导理论是否有所贡献；第三，这个理论框架能带给业界的实践者什么样的启发。如果研究者可以从这些问题中得到满意的回答，那么就可以进入到 SPS 研究方法的下一个循环——提升循环。

参考文献

Strauss, A., & Corbin, J., *Basics of Qualitative Research: Techniques and Procedures for Developing Grounded Theory* (2nd ed.), Thousand Oaks, CA: Sage,1998.

Darke P, Shanks G, Broadbent M.,"Sucessfully completing case study research: Combining rigour, relevance and pragmatism", *Information Systems Journal*, 1998, 8(4):273-290.

Meyer, C. B. , "A case in case study methodology", *Field Methods*, 2001, 13(4), 329–352.

Walsham, G., "Doing interpretive research", *European Journal of Information Systems,* 2006(15:3), pp. 320-330.

Eisenhardt, K. M.,"Building theories from case study research", *Academy of Management Review*, 1989,14, 532-550.

Halaweh, M., Fidler, C., and McRobb, S. ,"Integrating the grounded theory method and case study research methodology within IS research: A possible 'road map'", in: ICIS 2008 Proceedings, 2008.

Glaser, B.G., and Strauss, A., *The Discovery of Grounded Theory: Strategies for Qualitative Research*, Aldine de Gruyter, Hawthorne, NY, 1967.

Walsham, G., "Interpretive case studies in IS research: Nature and method", *European Journal of Information Systems*, 1995(4:2), pp. 74-81.

Weick, K.E.,"The generative properties of richness", *Academy of Management Journal*, 2007, (50:1), pp. 14-19.

Tan, B.C.C., Pan, S.L., Lu, X., and Huang, L., "Leveraging digital business ecosystems for enterprise agility: The tri-logic development strategy of Alibaba.com", in International Conference on Information Systems, Phoenix, USA, 2009.

Barney, J.B., "Firm resources and sustained competitive advantage", *Journal of Management*, 1991(17:1), pp. 99-120.

Teece, D.J., Pisano, G., and Shuen, A., "Dynamic capabilities and strategic management", *Strategic Management Journal* ,1997(18:7), pp. 509-533.

D'Aveni, R.A., *Hypercompetition: Managing the Dynamics of Strategic Maneuvering Free*

Press, New York, NY, 1994.

Brown, S.L., and Eisenhardt, K.M., "The art of continuous change: Linking complexity theory and time-paced evolution in relentlessly shifting organizations", *Administrative Science Quarterly*, 1997(42:1), pp. 1-34.

Sambamurthy, V., Bharadwaj, A., and Grover, V., "Shaping agility through digital options: Reconceptualizing the role of information technology in contemporary firms", *MIS Quarterly*, 2003(27:2), pp. 237-263.

Iansiti, M., and Levien, R., *The Keystone Advantage: What the New Dynamics of Business Ecosystems Mean for Strategy, Innovation and Sustainability,* Harvard Business School Press, Boston, MA, 2004.

Myers, M.D., and Newman, M., "The qualitative interview in IS research: Examining the craft", *Information & Organization*, 2007(17:1), pp. 2-26.

Biernacki, P., and Waldorf, D., "Snowball sampling: Problems and techniques of chain referral sampling", *Sociological Methods and Research*, 1981(10:2), pp. 141-163.

Klein, H.K., and Myers, M.D.,"A set of principles for conducting and evaluating interpretive field studies in information systems", *MIS Quarterly*, 1999(23:1), pp. 67-93.

Pan, S.L., Pan, G., Chen, A.J.W., and Hsieh, M.H., "The dynamics of implementing and managing modularity of organizational routines during capability development: Insights from a process model", *IEEE Transactions on Engineering Management,* 2007b (54:4), pp. 800-813.

Kim, H.-W., and Pan, S.L., "Towards a process of information systems implementation: The case of customer relationship management (CRM)", *The Database for Advances in Information Systems*, 2006(37:1), pp. 59-76.

Pan, S.L., Pan, G., Chen, A.J.W., and Hsieh, M.H., "The dynamics of implementing and managing modularity of organizational routines during capability development: Insights from a process model", *IEEE Transactions on Engineering Management,* 2007b (54:4), pp. 800-813.

Ravishankar, M.N., Pan, S.L. and Leidner, D.E.,"Examining the strategic alignment and implementation success of a KMS: A subculture-based multilevel analysis", *Information Systems Research,* 2011, 22 (1): 39–59.

Sabherwal, R., Hirschheim, R., and Goles, T.,"The dynamics of alignment: Insights from a punctuated equilibrium model", *Organization Science*, 2001 (12:2), pp. 179-197.

Schultze, U., and Orlikowski, W.J., "A practice perspective on technology-mediated network relations: The use of Internet-based self-serve technologies", *Information Systems Research*, 2004 (15:1), pp. 87-106.

Chan, Y.E., "Why haven't we mastered alignment? The importance of informal organizational structure", *MIS Quarterly Executive*, 2002 (1:2), pp. 97-112.

Martin, J., and Siehl, C., "Organizational culture and counter culture: An uneasy symbiosis, Organizational Dynamics ", 1983(12:2), pp. 52-64.

Neuman, L.W., *Social Research Methods: Qualitative and Quantitative Approaches,* (6th ed.), Allyn and Bacon, Boston, MA, 2005.

第六章
提升循环：调研

一、步骤 5：结构化访谈

当研究者得到理想的理论框架之后，便可进入到提升循环的第一步：结构化访谈。这也是 SPS 研究方法中最直接的一步。因为之前已经确认理论框架不会有太大的变动，在进一步的数据收集也就是具体的实施之前，与受访对象沟通确定研究计划，按照计划进行对受访者的访问。

在具体的结构化访谈中，研究者的目标应锁定两点：第一，用所收集的数据将理论框架转化为成熟的理论模型；第二，确保所收集数据的有效性。

针对第一个目标，研究者需要确保数据的充分性。虽然数据的充分性在很多指导文献中是和理论饱和度相联系的，换句话说，理论饱和度是衡量数据充分性的主要标准（Eisenhardt，1989；Glaser 和 Strauss，1967），但是在这里，我们需要补充两点：首先，虽然大多数文献对于访谈次数并未做明确的要求

(Patton，2003)，但是如果访谈数量过少，所得数据是一定不会达到理论饱和度要求的。同样的，被访谈者的数量也是如此。虽然这个数量取决于被研究公司的大小、所研究现象的特征及研究的时间和范围，但是研究者在一个企业需要至少访谈十五个不同的人，这样研究者才可以确保他们听到了不同的声音，并且能有效地避免有争议的看法（Myers 和 Newman，2007）。其次，除了确保访谈次数和访谈者的数量外，研究者还应该确保最后的研究报告能包括所有被访谈者的意见，而不是选择性地包含了部分人的意见。虽然有些访谈者的意见可能会过于主观或偏激，但是研究者也需要给予一定的考虑与解释。案例研究非常忌讳"一边倒"的现象，这会使人们对其结果的公正性产生质疑。

针对第二个目标，为了确保所收集数据的有效性，我们希望研究者能够秉持怀疑精神，并且可以对观察到的现象提出多种解释（Klein 和 Myers，1999）。研究者还需要保证每一条论点都至少有两条数据来支持（Yin，2003）。但是，如果针对一个问题出现了两种相互矛盾的说法，研究者便需要额外的数据来解释这个矛盾。举例说明，我们对新加坡电子商务公司 Hardwarezone.com（Tan，Pan 和 Hackney，2010c）的研究能很好地说明这一点。

在这个案例中，我们研究了该公司近年来的运行方式和发展过程，以及它是怎样颠覆新加坡 IT 出版业传统的。但是，我们的研究却从这个公司的员工和它的竞争对手处得到了截然不同的两种看法：前者倾向于肯定的看法，而后者则倾向于一个较否定的看法。为了解释这个矛盾，我们又额外采访了两个在广告公司工作且对 IT 出版业非常了解的人。他们所提供的资料足够我们更加客观地权衡之前的资料，并帮助我们成功地解释了之前矛盾存在的原因（Klein 和 Myers，1999）。

结构化访谈按照其结构化的程度可以划分为结构化、半结构化和非结构化访谈。

结构化访谈有些类似于问卷，也就是在进入到受访企业或者组织之前，会编写详细的访谈问题，在具体实施访谈的过程中几乎完全按照这一份问题清单来进行访谈。非结构化访谈事先没有可以依附的问卷框架,而是确定一个大致的主题或范围。围绕这个主题或在这个范围内,访谈者与访谈对象进行自由、深度地交流,具体问题边访谈边形成。在这个过程中,提问的方式、顺序都是不确定的。回答的记录、访谈时的外部环境也没有统一的要求,可以根据访谈过程中的实际情况做具体安排。因此非结构化访谈的灵活度非常大,有助于激发访谈双方的创造力,但这样的访谈结果不适于实证性的研究。SPS 案例研究方法所使用的访谈方式主要是半结构化访谈和非结构化访谈。

　　SPS 案例研究方法所使用的属于半结构化访谈。通常在进入受访企业之前会给对方一系列访谈提纲,便于受访者能够在接受访谈之前大致了解访谈所需要涉及的内容与范围,如果需要他们还可以在受访之前做一些准备。在访问过程中所采取的访谈形式是 1 个主问人和 N 个提问者的组合形式,在整个访谈过程中由 1 个主问人控制整个访谈的局面,负责对受访者围绕访谈提纲进行访问。主问人会在进入访谈现场之前对整个团队另外 N 个提问者的理论视角和关注问题的侧面进行了解,以便在访谈现场能够使访谈问题尽量照顾到所有研究者所需要的讯息。只有在访谈接近尾声的时候,N 个提问者可以从自己的理论视角出发对主问人没有涉及的内容进行补充提问。这种访问形式便整场访谈整齐划一,受访者不会受到过多的来自不同思考路径的干扰,同时也兼顾到了团队中所有研究者所关心的问题。

二、步骤 6:数据筛选

　　通常,只有当理论框架中的所有概念都和案例数据相互吻合时,即到了所谓的选择性编码(Strauss 和 Corbin,1998)阶段,理论框架才能够演变成理论模型。换言之,如果理论框架还是一个空白或仅部分填充的表格(见表 5-1,包含新的概念和论点),那么数据筛选就是在表格的每一个空白处都至少填入两个数据(Yin,2003)。在这个环节,有读者会想到很多在美式经典案例研究中所使用的关于"编码"的方法。目前学术界对待选择性编码有两种主要态度：一种是科学编码，强调了编码的严谨性（Miles 和 Huberman，1994）；另一种是艺术编码，强调了编码的优雅和简约性（Walsham，2006）。我们建议使用一种折中的方法，即将科学编码的严谨和艺术编码的优雅结合起来。

数据筛选的第一步是将数据用叙述性策略来精简（Langley，1999）。当研究者收集到了数目可观的一手和二手数据时，数据精简可以避免数据过多所引起的操作不便（Pettigrew，1990）。叙述性策略的核心是将收集到的资料整理成故事的形式。不过 SPS 所倡导的叙述性策略和 Langley（1999）所定义的还是有明显差别的。我们所提倡的是一种循环式写作方法，即在提升循环的每一次循环中，将新的信息通过叙述的方法加入到故事中。这个不断充实的过程可以帮助研究者更加了解公司的发展进程，以及发展过程中事件之间的因果关系。一个好的故事，如果稍作修改便可以出现在最后的案例报告中。

数据筛选的第二步是在叙述中加入图表，用图表的形式总结收集到的访谈资料。图 6-1 是我们为中国最大的国有烟草企业——上海烟草所做的图表（Tan，Pan，Chen 和 Huang，2010b）。图表对于案例研究有非同寻常的益处。首先，它能够清楚地将研究内容呈现出来，并帮助研究者整理思绪，即使这些图表不一定被包含在最后的研究报告中（Pratt，2009）。其次，研究者可以通过在图表上作标记（如图 6-1 中的问号，它表示数据欠缺），来指导之后的数据收集工作。最后，研究者通常缺乏足够的写作空间来详细列举数据以阐述自己的观点，在这种情况下，他们往往不得不缩减引用的定性数据。但是，若在此时使用图表，却可以帮助研究者在有限的空间里清晰地列举相对较多的证据（Pan 和 Leidner，2003）。随着数据筛选的深入（Strauss 和 Corbin，1998），理论框架也逐渐演化为成一个成熟的理论模型。但是我们需要注意，这个演化的过程要保证"理论——数据——模型"的一致性（Klein 和 Myers1999）。这便是接下来要介绍的 SPS 研究方法的第七个步骤。

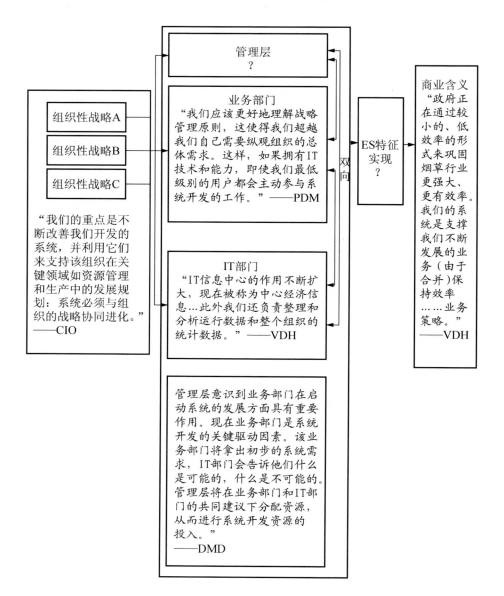

图 6-1 上海烟草安全研究中数据筛选时的手稿样本

三、步骤 7：确保理论—数据—模型的一致性

数据筛选完成之后，研究者需要检查理论——数据——模型的一致性，并以此来调整之后的数据收集方向。为了保证这三者的一致性（Eisenhardt 和 Graebner，2007），我们需要反复地检查以下三个部分：理论和数据的一致性，数据和模型的一致性，以及理论和模型的一致性。这三个一致性分别确保了理论模型具有简约性、准确性和普遍性，即最理想理论所具备的三个特性（Sutton 和 Staw 1995；Weick 1979）。接下来，我们将一一解释这三个一致性的特点与价值。

理论和数据的一致性，其本质是在回答：所得案例数据能否用已知理论解释"？因为理论对数据有很强的概括性（Pettigrew，1990；Weick，2007），所以保证理论和数据的一致性既可以避免大量数据所带来的混淆（Hall，Lindzey 和 Campbell，1998），又可以为数据找到合适的理论解释。因此，在数据收集中研究者必须不断地比较数据和候选指导理论（Eisenhardt 和 Graebner，2007），并用客观的分析来选出最适合的理论。除了上面阐述的优点外，理论与数据的一致性也可以使论文更容易被理解（Bacharach，1989），同时提升论文被其他文献引用的概率。

数据与模型的一致性，其本质则是在回答：所得的案例数据能否支持推导出的理论模型？因为理论模型仅仅是研究者自己想法的体现（Walsham，2006），并不一定反映了真实的情况。所以，数据和模型的一致性也就保证了研究者的想法能够与现实情况相吻合。这个吻合，也是创建新理论的基本条件（Eisenhardt，1989）。为了确保两者的一致性，研究者可以利用步骤 6 推荐的图表来检验。在这个过程中，研究者应当注意两点：第一，保证所有出现在案例分析中的数据都能支持理论模型；第二，所有没有出现在案例分析中的数据都不会与理论模型相冲突，这是为了避免有价值的信息被忽略。

理论和模型的一致性，其本质则是在回答：已知的理论能否支持所推导出的理论模型？理论往往具有概括性，但是案例分析的结果通常无法取得统计学的那种统计概括性，而模型和已知理论之间的一致性却能够使这个结果达到另外一种概括性——分析概括性（Lee 和 Baskerville，2003）。原因是，如果所得理论模型能够与已知理论相呼应，那么这个模型也应适用于其他场景，而非仅仅适用于这个特殊的案例场景（Yin，2003）。为了保证理论和模型的一致性，我们建议研究者将模型系统地分解成几个论点，然后利用已知理论来解释这些论点。当模型中所有的论点都能被已知理论解释时，理论和模型的一致性也就达到了（Walsham，1995）。

当理论——数据——模型的一致性达到之后，研究者还需要确定理论饱和度（Eisenhardt，1989）和数据充分性是否达到。如果在提升循环的过程中，研究者发现新收集的数据总是不断重复，或者模型已经很完善没必要再扩充了（Strauss 和 Corbin，1998），研究者便可以考虑进行案例研究的最后一步：撰写案例研究报告。

参考文献

Eisenhardt, K. M., "Building Theories from Case Study Research", *Academy of Management Review*, 1989,14, 532-550.

Strauss, A., & Corbin, J., *Basics of Qualitative Research: Techniques and Procedures for Developing Grounded Theory* (2nd ed.),Thousand Oaks, CA: Sage,2003.

Patton, M. Q., *Qualitative Research and Evaluation Methods* (3rd ed.),Thousand Oaks, CA: Sage,2003.

Myers, M. D., & Newman, M. ,"The qualitative interview in IS research: Examining the craft", *Information and Organization*, 2007,17(1), 2–26.

Klein, H. K., & Myers, M. D., "A set of principles for conducting and evaluating interpretive field studies in information systems", *MIS Quarterly*,1999, 23(1), 67–93.

Tan, B., Pan, S. L., & Hackney, R.,"The strategic implications of web technologies: A process model of how web technologies enhance organizational performance", *IEEE Transactions on Engineering Management*, 2010,57(2), 181–197.

Yin, R. K., *Case Study Research: Design and Methods* (3rd ed.),Thousand Oaks, CA: Sage,2003.

Miles, M. B., & Huberman, A. M., *Qualitative Data Analysis: An expanded Sourcebook* (2nd ed.),Thousand Oaks, CA: Sage,1994.

Walsham, G., "Doing interpretive research", *European Journal of Information Systems*, 2006,15(3), 320–330.

Pettigrew, A. M., "Longitudinal field research on change: Theory and practice", *Organization Science*, 1990,1(3), 267–292.

Langley, A.,"Strategies for theorizing from process data", *Academy of Management Review*, 1999,24(4), 691–710.

Tan, B., Pan, S. L., Chen, W., & Huang, L., "Evolutionary sensemaking in enterprise applications implementation: Insights from a state-owned enterprise in China", Paper presented at the International Conference on Information Systems, St Louis, USA,2010.

Pratt, M. G.,"For the lack of a boilerplate: Tips on writing up (and reviewing) qualitative research", *Academy of Management Journal*, 2009,52(5), 856–862.

Pan, S. L., & Leidner, D.,"Bridging communities of practice with information technology in pursuit of global knowledge sharing", *The Journal of Strategic Information Systems*,2003, 12(1), 71–88.

Eisenhardt, K. M., & Graebner, M. E.,"Theory building from cases: Opportunities and challenges", *Academy of Management Journal*, 2007,50(1), 25–32.

Sutton, R. I., & Staw, B. M., "What theory is not", *Administrative Science Quarterly*,1995, 40(3), 371–384.

Weick, K. E., *The Social Psychology of Organizing* (2nd ed.), MA: Addison-Wesley, 1979.

Weick, K. E., "The generative properties of richness", *Academy of Management Journal*, 2007, 50(1), 14–19.

Hall, C. S., Lindzey, G., & Campbell, J. B., *Theories of Personality* (4th ed.). Hoboken, NJ: John Wiley & Sons,1998.

Bacharach, S. B.,"Organizational theories: Some criteria for evaluation", *Academy of Management Review*, 1989,14(4), 496–515.

Lee, A. S., & Baskerville, R. L., "Generalizing generalizability in information systems research", *Information Systems Research*, 1993, 14(3), 221–243.

第七章
写作、投稿与理论视角推荐

一、步骤 8：撰写案例研究报告

在我们看来，好文采的文章对案例的发表是有帮助的，但这并不是必须的。从这一点出发，好的案例论文，纵使语言平实，也不会影响其在学术和指导实践上的意义。同样，如果一篇论文被学术杂志拒绝，其主要原因很可能是因为研究者的证明过程缺乏说服性，而非欠缺文采。因此，研究者应将写作的重心放在怎样清楚地阐述论文中的逻辑（Klein 和 Myers，1999），以及怎样清楚地表达自己的观点。

为了能够使案例研究报告具有逻辑性，我们建议使用结构性较强的写作方法。这种方法有三个好处：第一，它能确保研究者不会遗漏重要信息；第二，它能够加强案例研究报告各个部分之间的联系；第三，它能够提升写作的效率。

虽然现有文献已经介绍了很多案例研究报告的结构（总结性文献，请参考 van de Blonk，2003），但对于初学者我们还是推荐线性分析结构（Yin，2003）。线性分析结构不仅被广泛地应用于案例研究中，而且它受到的争议也是最少的。同时，初学者也可以在各种现存文献中找到很多可供参考的线性例子。

线性分析结构主要有六个基本部分（Yin 2003）：介绍部分、文献回顾部分、研究方法部分、案例描述部分、讨论部分和总结部分。每个部分的内容如表 7-1 所示。虽然这些内容可能因案例的特征而有细小的差别，但其核心内容都基本一致。

虽然表达能力往往和掌握英文的熟练程度有关，但是从我们以往指导非英语母语国家的学者，尤其是中国大陆及台湾地区的研究者的经验来看，即使他们的母语并不是英文，他们也能够利用图表准确地表达出自己的理论观点。而图表在案例论文的任何部分都可以使用，它可以用来阐述研究的方法、呈现论证的关系、阐明复杂的分析、总结收集的数据和解释推导的过程（Pratt，2009）等。更重要的是，图表还有两个很重要的优点：第一，它减小了研究者的语言负担，因为图表中并不需要使用非常华丽的语言；第二，它简明地包含了重要的信息，读者不用钻研每行每字来了解作者的意图，这样也大大地方便了读者阅读。

表 7-1　案例研究报告的主要构成部分

部　分	主　要　内　容
介绍	• 现象背景信息，例如，如果现象和虚拟社区有关系，那么可以讨论一下虚拟社区的重要性并举一些成功的虚拟社区的例子 • 以前文献忽略的地方，比如哪些问题没有被研究过 • 所忽略之处的重要性，例如，忽略的危害和研究后的意义 • 研究目的，一般旨在解释之前文献忽略的地方 • 正式提出研究问题，注意研究问题需要和研究目的一致
文献回顾	• 回顾以前有关此现象的文献。这部分应该从宏观的概念开始。例如，从关键词的定义开始，然后再逐渐将重心转移到具体的概念 • 回顾与理论视角相关的文献。在解释理论视角之前，需要先解释理论视角是如何帮助理解所研究的现象的
研究方法	• 论述为什么使用案例研究的方法。例如，案例研究方法适合研究复杂的现象（Klein 和 Myers，1999），在处理"怎么样"和"为什么"两类问题上有优越性（Walsham，1995） • 案例选择的标准，即选择案例公司的理论解释 • 数据收集的过程，如数据来源、访谈数量、访谈形式等 • 数据分析的过程，如数据整理、模型推导的步骤等
案例描述	• 案例公司的背景 • 案例公司的主要事件、决策和活动。如果这些都是以时间发展为顺序，那么则需要按照时间段来描述 • 一手和二手资料，在这里图表对于在有限空间内详细呈现资料非常有用（Pratt，2009）
讨论	• 如何从数据推导到模型 • 现存理论与模型的联系 • 所得模型与现存理论的异同
结论	• 研究的局限性，例如定性研究数据所引起的局限性，或回溯性数据的局限性。然后针对以后的研究给出建议——以后的研究可以是有关这些局限性的 • 在理论方面（关于现象的理论和指导理论）的意义 • 在实践指导方面的意义

对学者而言，再多的工作也许就是为了最后向期刊投稿这"临门一脚"。以国际学术期刊的投稿为例，一般的投稿流程至少要经历 2—3 轮这样一个过程。

第一轮审稿是论文能否得到审稿人青睐的重要一步，在这个环节投稿人需要注意重点强调文章的研究贡献。如果能够在研究贡献上说服审稿人或者案例本身的内容非常有趣的话，则有望在第一轮审稿中幸存。然而，论文是否最终能够被接受的关键在于第二轮审稿。

第一轮审稿中，审稿人应该已经对论文提出了一些不足和需要完善的地方，有不少仔细的审稿人甚至会给作者提供一些可以使文章更为完善的视角或文献进行参考。在第二轮审稿中，应尽量将注意力放在满足审稿人在第一轮中提出的要求，比如回答他们关于文章的疑问，或者如果他们的建议合理的话可以参照他们的建议对文章进行地毯式修改。一般而言，如果这一轮的修改结果能够符合审稿人胃口的话，在第三轮审稿中获得"免死金牌"的可能性会比较大。

但是，也有可能审稿人会觉得还差那么一点点，则会有第三轮以后的审稿。这时研究者需要对论文持续进行质量提升，直至审稿人觉得达到了他认为的"饱和点"。

二、SPS 案例研究方法推荐的理论视角

众所周知，案例研究是一种社会研究方法，用以对某一个个体/群体/组织/事件等进行描述性、探索性或解释性的分析，焦点在于理解和洞察某种环境下的动态过程。由此可见，案例来自实践，案例研究构建出理论，案例研究成果则被用来引导和启发人们的思考和新的实践。

在案例的"重要性"已被普遍认可的今天，案例研究者和使用者均将关注点聚焦于如何实现对案例的有效洞察，而理论视角则是实现洞察的"金钥匙"。

通过这把"金钥匙",我们可以有效地解构实践中的复杂现象,分析案例的个体特征,挖掘有价值的研究问题,构建知识体系并将其应用到新的实践中去。

SPS 案例研究方法为案例研究者和使用者提供了结构化、实用化、情境化的研究方法。其中,SPS 在提出一系列现象概念化和理论构建方法的同时,也积累了大量的常用理论视角,形成了一个供案例研究和案例使用的知识库,帮助人们有效地洞察大千世界。

以笔者长期从事研究的数字化赋能方向(Digital Enablement,DE)为例,我们向该领域的案例研究者和案例使用者推荐 15 个理论视角,供大家参考和使用。其他研究领域的研究者可以借鉴并进一步总结自己所在领域内的案例研究视角。

这 15 个理论视角包括(见表 7-2):

- 资源配置(resource orchestration)
- 常规(Routine)
- 生态系统(Ecosystem)
- 跨边界(Boundary spanning)
- 即兴与手边资源应用(Improvisation and bricolage)
- 信息处理(Information processing)
- 企业家精神与机会管理(Entrepreneurial opportunity)
- 赋权与赋能(Empowerment)
- 文化涵化(Acculturation)
- 科技压力与恐惧(Technostress and technophobia)
- 科技给予与约束(Technology Affordance and Constraints Theory)
- 权力(Power)
- 关怀与企业同情心(Caring and Compassion)
- 混搭组织(Hybrid organization)
- 利社会的企业家精神(Pro-social entrepreneurship)(见表 7-2)。

表 7-2　推荐的理论视角及参考文献（不限于数字化赋能文献）

SPS 推荐的理论视角		相关参考文献
1	资源配置	• Tan FTC; Pan S. L.; Zuo M., 2014,"The role of organisational interdependencies and asset orchestration in business integration: A case study of M.com", *International Journal of Information Management*, vol. 34, no. 6, pp. 780–784 • Cui M.; Pan S. L., 2015,"Developing focal capabilities for e-commerce adoption: A resource orchestration perspective", *Information and Management*, vol. 52, no. 2, pp. 200–209 • Chan CML; Hackney R; Pan S. L.; Chou T-C, 2011,"Managing e-Government system implementation: A resource enactment perspective", *European Journal of Information Systems*, vol. 20, no. 5, pp. 529–541 • Leidner DE; Pan G; Pan S. L., 2009,"The role of IT in crisis response: Lessons from the SARS and Asian Tsunami disasters", *Journal of Strategic Information Systems*, vol. 18, no. 2, pp. 80–99 • Sirmon, D. G., Hitt, M. A., Ireland, R. D.,& Gilbert, B. A., 2011,"Resource orchestration to create competitive advantage breadth, depth, and life cycle effects", *Journal of Management*, 37(5), 1390-1412 • Sirmon, D. G. and Hitt, M. A., 2009,"Contingencies within dynamic managerial capabilities: interdependent effects of resource investment and deployment on firm performance", *Strategic Management Journal*, 30(13), 1375-1394
2	常规	• Chen, J.; Pan S. L.; Ouyang T.H., 2014,"Routine reconfiguration in traditional companies' e-commerce strategy implementation: A trajectory perspective", *Information and Management*, vol. 51, no. 2, pp. 270–282 • Chen, J.; Ouyang T.H.; Pan, S.L., 2013,"The role of feedback in changing organizational routine: A case study of Haier, China", *International Journal of Information Management*, vol. 33, no. 6, pp. 971–974

续表

SPS 推荐的理论视角		相关参考文献
2	常规	• Pan, S.L.; Pan, G.; Chen, A.J.W.; Hsieh MH, 2007,"The dynamics of implementing and managing modularity of organizational routines during capability development: Insights from a process model", *IEEE Transactions on Engineering Management*, vol. 54, no. 4, pp. 800–813 • Feldman, Martha S., and Brian T. Pentland, 2003, "Reconceptualizing organizational routines as a source of flexibility and change", *Administrative Science Quarterly*, 48(1), 94-118 • Goh, Jie Mein, Guodong Gao, and Ritu Agarwal, 2001, "Evolving work routines: adaptive routinization of information technology in healthcare", *Information Systems Research*, 22(3), 565-585 • Polites, G. L., and Elena Karahanna, 2013, "The embeddedness of information systems habits in organizational and individual level routines: Development and disruption." *MIS Quarterly*, 37(1), 221-246
3	生态系统	• Tan B; Pan S. L.; Lu X; Huang L, 2015,"The role of is capabilities in the development of multi-sided platforms: The digital ecosystem strategy of alibaba.com", *Journal of the Association of Information Systems*, vol. 16, no. 4, pp. 248–280 • Wareham, J., Fox, P.B., Giner, J.L.C., 2014,"Technology Ecosystem Governance", *Organization Science*, 25(4), 1195-1215 • Bharadwaj, A., El Sawy, O. A., Pavlou, P. A.,& Venkatraman, N. V.,2013,"Visions and voices on emerging challenges in digital business strategy", *MIS quarterly*, 37(2), 14-001 • Selander, L., Henfridsson, O.,& Svahn, F., 2013,"Capability search and redeem across digital ecosystems", *Journal of Information Technology*, 28(3), 183-197 • Iansiti, M.,& Levien, R., 2004,"Strategy as ecology", *Harvard Business Review*, 82(3), 68-78 • Moore, J. F., 1993,"Predators and prey: A new ecology of competition", *Harvard Business Review*, 71(3), 75-83

续表

SPS 推荐的理论视角		相关参考文献
4	跨边界	• Du W; Pan S. L., 2013, "Boundary spanning by design: toward aligning boundary-spanning capacity and strategy in IT outsourcing", *IEEE Transactions on Engineering Management*, vol. 60, no. 1, pp. 59–76 • Carlile, P., 2002, "A pragmatic view of knowledge and boundaries: Boundary objects in new product development", *Organization Science*, vol. 13, pp. 442-455 • Ancona, D. G. and Caldwell, D. F., 1992, "Bridging the boundary: external activity and performance in organizational teams", *Administrative Science Quarterly*, vol. 37, pp. 634-665 • Tushman, M. L. and Scanlan, T. J., 1981, "Boundary spanning individuals: Their role in information transfer and their antecedents", *Academy of Management Journal*, vol. 24, pp. 289-305 • Carlile, P. R., 2004, "Transferring, translating, and transforming: An integrative framework for managing knowledge across boundaries", *Organization Science*, pp. 555-568 • Levina, N. and Vaast, E., 2005, "The emergence of boundary spanning competence in practice: implications for implementation and use of information systems", *MIS Quarterly*, vol. 29, pp. 335-363 • Levina, N. and E. Vaast, 2006, "Turning a community into a market: A practice perspective on IT in boundary spanning", *Journal of Management Information Systems*, 22(4), 13-37
5	即兴与手边资源应用	• Baker, T., et al., 2003, "Improvising firms: Bricolage, account giving and improvisational competencies in the founding process", *Research Policy*, 32(2), 255-276 • Baker, T., and Nelson, R.E., 2005, "Creating something from nothing: Resource construction through entrepreneurial bricolage", *Administrative Science Quarterly*, (50:3), pp. 329-366

续表

SPS 推荐的理论视角		相关参考文献
5	即兴与手边资源应用	• Bergh, D.D., and Lim, E.N., 2008, "Learning how to restructure: Absorptive capacity and improvisational views of structuring actions and performance", *Strategic Management Journal*, (29:5), pp. 593-616 • Crossan, M., 1998, "Improvisation in action", *Organization Science*, (9:5), pp. 593-599 • Crossan, M., Cunha, M.P., Vera, D., and Cunha, J.V., 2005, "Time and organizational improvisation", *Academy of Management Review*, (30:1), pp. 129-145 • Duymedjian, R. and Rüling, C., 2010, "Towards a Foundation of Bricolage in Organization and Management Theory", *Organization Studies*, vol. 31, 2: pp. 133-151 • Miner, A. S., et al., 2001, "Organizational improvisation and learning: A field study", *Administrative Science Quarterly*, 46(2): 304-337 • Pavlou, P. A. and O. A. El Sawy, 2010, "The "third hand": IT-enabled competitive advantage in turbulence through improvisational capabilities", *Information Systems Research*, 21(3): 443-471
6	信息处理	• Huang P-Y, Pan S. L., Ouyang TH, 2014, "Developing information processing capability for operational agility: Implications from a Chinese manufacturer", *European Journal of Information Systems*, vol. 23, no. 4, pp. 462–480 • Huang P-Y, Ouyang TH, Pan S. L.; Chou T-C, 2012, "The role of IT in achieving operational agility: A case study of Haier", *China' International Journal of Information Management*, vol. 32, no. 3, pp. 294–298 • Turner, K. L. and Makhija, M. V., 2012, "The role of individuals in the information processing perspective", *Strategic Management Journal*, 33(6), 661-680. • Tushman, M. L. and Nadler, D. A., 1978, "Information Processing as an Integrating Concept in Organizational Design", *Academy of Management Review*, 3(3), 613-624.

续表

SPS 推荐的理论视角		相关参考文献
6	信息处理	• Gattiker, T. F.,& Goodhue, D. L., 2004, "Understanding the local-level costs and benefits of ERP through organizational information processing theory", *Information & Management*, 41(4), 431-443 • Li, Y. and Kettingner, W.J., 2006, "An evolutionary information-processing theory of knowledge creation", *Journal of the Association for Information Systems*, Vol. 7 No. 9, pp. 593-617 • Sherman, J.D., and Keller, R.T., 2011,"Suboptimal assessment of interunit task interdependence: Modes of integration and information processing for coordination performance", *Organization Science*, 22(1):245-261 • Mithas, S., Ramasubbu, N.,& Sambamurthy, V., 2011,"How information management capability influences firm performance", *MIS quarterly*, 35(1), 237-256 • Mani, D., Barua, A.,& Whinston, A. B., 2010,"An empirical analysis of the impact of information capabilities design on business process outsourcing performance", MIS Quarterly, 34(1), 5.
7	企业家精神与机会管理	• Sitoh, M.K., Pan, S.L., Ching-Ying Yu, 2014,"Business models and tactics in new product creation: the Interplay of effectuation and causation processes", *Engineering Management, IEEE Transactions on* , vol.61, no.2, pp.213, 224 • George, G. and Bock, A.J., 2011,"The business model in practice and its implications for entrepreneurship research", *Entrepreneurship Theory and Practice*, vol. 35, no. 1, pp. 83-11 • Sarasvathy, S. D., 2001,"Causation and effectuation: Toward a theoretical shift from economic inevitability to entrepreneurial contingency", *Academy of Management Review*, vol. 26, no. 2, pp. 243-263 • Hedman, J. and Kalling, T., 2003,"The business model concept: Theoretical underpinnings and empirical illustrations", *European Journal of Information Systems*, vol. 12, pp. 49-59

续表

SPS 推荐的理论视角		相关参考文献
7	企业家精神与机会管理	• Casadesus-Masanell, R. and Ricart, J. E. 2010,"From strategy to business models and onto tactics", *Long Range Planning*, vol. 43, no. 2-3, pp. 195-215 • Chesbrough, H., 2010,"Business model innovation: Opportunities and barriers", *Long Range Planning*, vol. 43, no. 2-3, pp. 354-363
8	赋权与赋能	• Leong, C., Pan, S.L., Ractham, P., Kaewkitipong, L., 2015, "ICT-enabled community empowerment in crisis response: Social media in thailand flooding 2011", *Journal of the Association for Information Systems*, Vol. 16 Issue 3, p1-39 • Leong, C., Pan, S.L., Newell, S., Cui, L.L., Forthcoming,"The emergence of self-organizing E-commerce ecosystem in remote villages of China: A tale of digital empowerment for rural development, *MIS Quarterly,* vol. 40, No.2, pp. 475-484 • Conger, J.A. and Kanungo, R.N., 1988,"The empowerment process: Integrating theory and practice", *Academy of Management Review*, Vol. 13, No. 3, pp. 471-482 • Maynard, M.T., Gilson, L.L. and Mathieu, J.E., 2012, "Empowerment—fad or fab? A multilevel review of the past two decades of research", *Journal of Management*, vol. 38, 4: pp. 1231-1281 • Kieffer, C. H., 1984,"Citizen empowerment: A developmental perspective", *Prevention in Human Services*, 3.2-3 pp.9-36. • Christens, B. D., 2012,"Toward relational empowerment", *American Journal of Community Psychology*, 50.1-2 pp. 114-128.
9	文化涵化	• Pan S. L.; Pan G, Devadoss PR, 2008,"Managing emerging technology and organizational transformation: An acculturative analysis", *Information and Management*, vol. 45, no. 3, pp. 153 – 163 • Swidler, A. 1986,"Culture in action: Symbols and strategies", *American Sociological Review*, Vol. 51, No. 2. pp. 273-286.

续表

SPS 推荐的理论视角		相关参考文献
9	文化涵化	<ul><li>Rindova, V, Dalpiaz, E. and Ravasi, D., 2011,"A cultural quest: A study of organizational use of new cultural resources in strategy formation", *Organization Science*, 22(2), pp. 413–431.</li><li>Harrison, S.H. and Corley, K.G., 2011,"Clean climbing, carabiners, and cultural cultivation: Developing an open-systems perspective of culture", *Organization Science*, 22(2), pp. 391–412.</li><li>Leidner, D.E., and Kayworth, T., 2006,"Review: A review of culture in information systems research: Toward a theory of information technology culture conflict", *MIS Quarterly*, (30:2), pp. 357-399.</li><li>Molinsky, A., 2013,"The psychological processes of cultural retooling", *Academy of Management Journal*, Vol. 56, No. 3, 683–710</li></ul>
10	科技压力与恐惧	<ul><li>Ayyagari, R., Grover, V.,& Purvis, R.,2011,"Technostress: technological antecedents and implications", *MIS Quarterly*, 35(4), 831-858</li><li>Tams, S., Hill, K., de Guinea, A. O., Thatcher, J.,& Grover, V., 2014,"NeuroIS—alternative or complement to existing methods? Illustrating the holistic effects of neuroscience and self-reported data in the context of technostress research", *Journal of the Association for Information Systems*, 15(10), 723-752</li><li>Maier, C., Laumer, S., Weinert, C.,& Weitzel, T., 2015,"The effects of technostress and switching stress on discontinued use of social networking services: A study of Facebook use", *Information Systems Journal*, 25(3), 275-308</li><li>Srivastava, S. C., Chandra, S.,& Shirish, A., 2015, "Technostress creators and job outcomes: Theorising the moderating influence of personality traits", *Information Systems Journal*, 25(3), forthcoming</li><li>Tarafdar, M., Pullins, E. B.,& Ragu Nathan, T. S., 2014, "Technostress: Negative effect on performance and possible mitigations", *Information Systems Journal*, 25(3), 103-132</li></ul>

续表

SPS 推荐的理论视角		相关参考文献
10	科技压力与恐惧	● Gilbert, D., Lee-Kelley, L.,& Barton, M., 2003, "Technophobia, gender influences and consumer decision-making for technology-related products", *European Journal of Innovation Management*, 6(4), 253-263
11	科技给予与约束	● Volkoff, Olga, and Diane M. Strong, 2013, "Critical realism and affordances: Theorizing it-associated organizational change processes", *MIS Quarterly* 37(3), 819-834 ● Strong, Diane M., et al., 2014, "A theory of organization-EHR affordance actualization", *Journal of the Association for Information Systems* 15(2), 53-85 ● Leonardi, P. M., 2013,"When does technology use enable network change in organizations? A comparative study of feature use and shared affordances", *MIS Quarterly*, 37(3), 749-775 ● Leonardi, P. M., 2011, "When flexible routines meet flexible technologies: Affordance, constraint, and the imbrication of human and material agencies", *MIS Quarterly*, 35(1), 147-167 ● Zammuto, R. F., Griffith, T. L., Majchrzak, A., Dougherty, D. J.,& Faraj, S., 2007, "Information technology and the changing fabric of organization", *Organization Science*, 18(5), 749-762 ● Seidel, S., Recker, J.,& Vom Brocke, J., 2013, "Sensemaking and sustainable practicing: Functional affordances of information systems in green transformations", *MIS Quarterly*, 37(4), 1275-1299
12	权力	● Levina, N.,& Orlikowski, W. J., 2009, "Understanding shifting power relations within and across organizations: A critical genre analysis", *Academy of Management Journal*, 52(4), 672-703 ● Silva, L., 2007, "Epistemological and theoretical challenges for studying power and politics in information systems", *Information Systems Journal*, 17(2), 165-183

第七章　写作、投稿与理论视角推荐

续表

SPS 推荐的理论视角		相关参考文献
12	权力	● Johnson, S. L., Faraj, S.,& Kudaravalli, S., 2014, "Emergence of power laws in online communities: The role of social mechanisms and preferential attachment", *MIS Quarterly*, 38(3), 795-808 ● Johnson, N. A.,& Cooper, R. B., 2009, "Power and concession in computer-mediated negotiations: An examination of first offers", *MIS Quarterly*, 33(1), 147-170 ● Jasperson, J. S., Carte, T. A., Saunders, C. S., Butler, B. S., Croes, H. J.,& Zheng, W., 2002, "Review: power and information technology research: a metatriangulation review", *MIS Quarterly*, 26(4), 397-459 ● Avgerou, C.,& McGrath, K., 2007, "Power, rationality, and the art of living through socio-technical change", *MIS Quarterly*, 295-315 ● Fleming, P. and Spicer, A., 2014, "Power in management and organization science", *Academy of Management Annals*, 8:1, 237-298
13	关怀与企业同情心	● From the editors, 2014,"Organizations with purpose", *Academy of Management Journal*, Vol. 57, No. 5, 1227–1234. ● Rynes, S., Bartunek, J., Dutton, J.,& Margolis, J., 2012, "Care and compassion through an organizational lens: Opening up new possibilities", *Academy of Management Review* ● Madden, L. T., Duchon, D., Madden, T. M.,& Plowman, D. A., 2012, "Emergent organizational capacity for compassion", *Academy of Management Review*, 37: 689–708. ● George, J. M., 2014, "Compassion and capitalism Implications for organizational studies", *Journal of Management* 40, 5 ● George, G., McGahan, A. M.,& Prabhu, J. C., 2012, "Innovation for inclusive growth: Towards a theoretical framework and research agenda", *Journal of Management Studies*, 49: 661–683.

续表

SPS 推荐的理论视角		相关参考文献
14	混搭组织	<ul><li>Ashforth, B. E., Rogers, K. M., Pratt, M. G.,& Pradies, C., 2014, "Ambivalence in organizations: A multilevel approach", *Organization Science*, 25(5), 1453-1478</li><li>Battilana, J.,& Lee, M.(2014). Advancing research on hybrid organizing–insights from the Study of social enterprises", *Academy of Management Annals*, 8(1), 397-441</li><li>Haigh, N., Walker, J., Bacq, S.,& Kickul, J., 2015, "Hybrid organizations: origins, strategies, impacts, and implications", *California Management Review*, 57(3), 5-12</li><li>Jay, J., 2013, Navigating paradox as a mechanism of change and innovation in hybrid organizations", *Academy of Management Journal*, 56(1), 137-159</li><li>Pache, A. C.,& Santos, F., 2013, "Inside the hybrid organization: Selective coupling as a response to competing institutional logics", *Academy of Management Journal*, 56(4), 972-1001</li></ul>
15	利社会的企业家精神	<ul><li>Shepherd, D. A., 2015, "Party on! A call for entrepreneurship research that is more interactive, activity based, cognitively hot, compassionate, and prosocial", *Journal of Business Venturing*, 30(4), 489-507</li><li>Dacin, M. T., Dacin, P. A.,& Tracey, P., 2011,"Social entrepreneurship: A critique and future directions", *Organization Science*, 22: 1203–1213</li><li>Doherty, B., Haugh, H.,& Lyon, F., 2014, "Social enterprises as hybrid organizations: A review and research agenda", *International Journal of Management Reviews*, 16(4), 417-436</li><li>Shepherd, D. A.,& Patzelt, H., 2011, "The new field of sustainable entrepreneurship: Studying entrepreneurial action linking 'What is to be sustained' with 'What is to be developed'", *Entrepreneurship Theory and Practice*, 35(1), 137-163</li><li>Miller, T. L., Grimes, M. G., McMullen, J. S.,& Vogus, T. J., 2012, "Venturing for others with heart and head: How compassion Encourages Social Entrepreneurship", *Academy of Management Review*, 37(4), 616-640</li></ul>

参考文献

Klein, H. K., & Myers, M. D.,"A set of principles for conducting and evaluating interpretive field studies in information systems", *MIS Quarterly*, 1999, 23(1), 67–93.

van de Blonk, H.,"Writing case studies in information systems research", *Journal of Information Technology*, 2003,18(1), 45–52.

Yin, R. K., *Case Study Research: Design and Methods* (3rd ed.). Thousand Oaks, CA: Sage,2003.

Pratt, M. G., "For the lack of a boilerplate: Tips on writing up (and reviewing) qualitative research", *Academy of Management Journal*,2009, 52(5), 856–862.

第三部分

SPS 案例研究方法的设计与建模

第八章
现象概念化与案例分析层次

一、现象概念化的展开

一直以来，研究现象怎样转变为案例研究中的学术概念，是很多研究者在进行案例研究与分析时一个最大的难点，这也是掣肘学者们在新颖的研究现象中抽象得到更吸引人的理论贡献的关键点。因此在这部分，我们将以实例的形式再展开说明现象概念化的过程。

其实，现象概念化始于我们在想要去调研案例的起步阶段，也就是说，在一切都还没有成形、要确定出门调研之前。此时，我们需做些什么？可能包括三点：第一，需要梳理案例故事的主线。以东软与SAP的类比案例来说，就是所谓跨边界（boundary spanning）和呼叫中心服务的支撑，这个主线还没有挖掘出来。第二，理论的视角也需要确定，也就是我们预备采用何种理论去阐释这样的故事。第三是学术发表中最为看重的理论贡献。由于理论贡献取决于我们采用的理论视角，所以如果理论视角不确定的话，那么理论贡献也是不清晰的。因此，故事的主线、理论视角和理论贡献这三个内容是我们做现象概念化之前就需要开始思考的事情。基于这些思考，在论文中，我们如何更好、更清晰地去体现这三个方面的内容，让读者、编辑或主编能够通过文字来了解我们的故事、看故事的视角和可能带来的研究贡献。这里，现象的概念化，采用什么视角去进行概念化是最为重要的。

接下来列举的几个例子可以帮助大家理解如何更好地进行现象概念化，这几个视角都有可能会给研究者带来一些思路。

第一，可以从分析单位的角度抓到创新和差异。在很多管理学文献中，多数研究者都是以组织，或者更确切地说是以企业，作为研究的分析单元，而社区却一直很少被关注，那么这时社区可能就是一个很好的切入点。再进一步，线上线下的社区，假设我们研究 O2O，那么最通常在业界大家关注的或者从战略管理的角度去研究 O2O 的战略，也可以研究 O2O 线上社区的一些逻辑，或者是如何管理线上社区等，这些都是从分析单位的角度能够给研究者的一些提示或者思路。

第二，如果说社区值得研究，那么我们从社区的层面入手开始继续去寻找可以现象概念化的方向，可能一方面需要评估通过案例的调研可以得到什么样的定性数据。这时，我们可以去选择现象中跟本领域的管理实践特别贴近的、能够引起共鸣和讨论的。O2O 在国内就是一个非常独特的现象，国外电子商务基本还停留在 B2B、B2C 这样的阶段，可能会是一个有趣的切入点。好比我们在 2015 年夏季去调研的青岛红领集团，他们在工业化定制这一块有非常好的尝试，在管理上做得很好，工业化与信息化融合得很好，混搭得很好，这是具有特色的。

第三，我们也可以抓取某个核心管理问题，这时与现象就不一定直接相关了。按照上面的思考逻辑，我们慢慢地从现象、时间，转向与理论发生联系，所以思考的维度是比较广泛的，有可能是从现象中找思路，也有可能从理论中找思路，然后开始考虑的就是核心的管理问题。不管现象是O2O，还是青岛红领集团，这些现象背后的核心问题是什么？那么这可能也是一个切入点，这就是所谓的核心管理问题，就是能够抛弃情境、时代等外在因素而在较长时间内存在的"不变"的问题。根据这样一个"不变"的核心管理问题，我们可以结合实践中的特色案例，红领也好、淘宝村也好，在这些非常有特色的实践相关的案例中去找思路。

我们再开始探讨从理论视角进行现象概念化。很多时候研究者看文献的时候，会发觉某些理论视角可能是一些刚刚被创建出来的理论，还缺乏实际例子或者实证分析。这时，我们就可以使用这些比较新的理论，去找相关的案例进行案例研究，最好的例子是混搭理论（Hybrid Organization）。[1]混搭理论大概是2013年被创立出来的。刚创立的两年中，这方面的研究几乎很少，案例非常少。这时我们就可以从这个研究的空白作为切入点，去找一个可以配合混搭理论的现象，不管是在O2O里面找到还是在青岛红领集团里面找到，这就是从理论视角切入去进行现象概念化的例子。

按照上面的思维方式，我们也可以从领域的研究空白角度出发去做现象的概念化。这个是最传统的，很多学者过去做定量研究。定量研究的思路基本上就是从某个领域的研究空白去做。在我们进行这一领域学术论文的文献综述时，经常会谈及：该领域的研究文献发展到哪了，在哪些方面还有缺失，我们应该往这些方面去做进一步的研究。这些对我们来讲就是辅助的工具，可以帮助我们去想现象概念化的创新点在哪里，我们要从什么角度去了解和思考。

在现象概念化完成之后，即特色的故事、可行的理论视角和潜在的一个

---

1. Pache A C，Santos F.，"Inside the hybrid organization: Selective coupling as a response to competing institutional logics", *Academy of Management Journal*, 2013, 56(4): 972-1001.

理论贡献都非常清楚时，那么现象概念化也就明确了。

接下来，我们举例说明现象概念化的过程。

二、中关村现象的概念化

中关村是科技人才聚集最密集的地方，是我国 IT 产业的发源地。在 20 世纪最后的 20 年里，"中关村"享誉全国，是电子产品的代名词。在 2010 年以前，中关村的四个大卖场一直是熙熙攘攘的繁荣景象。但在 2012 年以后，中关村开始没落。主要原因很简单，电子商务特别是以淘宝网为代表的 C2C 电子商务的崛起，使得很多卖家不需要进入这样一个集中的卖场就可以找到生意了，因此很多线下实体的商户生意很难维持。所以中关村以前人满为患，现在都没人去了，很多店家都搬走了。现在的中关村，有一条创业大街，2014 年 6 月开业，聚集了大量科技人才和创业者。他们在那里寻找项目、寻找资金，分享观点，一起讨论创业。这是最近一年来在中关村看到的现象。创业街上有很多类似于 3W 这样的咖啡馆，产生了类似于美国硅谷的科技商业生态的情境。在硅谷，可以找到很多像孵化器、投资融资服务、技术服务、招聘、法务服务等跟创业相关的服务。我们现在走到中关村也可以看到很多与创业、创新相关的服务，大量人才聚集在这里，找资金的或者找项目的都有。政府也提供了很多与创业相关的服务，比如服务平台、快速注册公司、申请政府资助等。这些都带来了中关村创客文化的兴起。开业以来，孵化器从平均每天有 1.6 家到每家企业融资百万等。四个大卖场，现在三个已经或者即将关闭了，都改成了创客中心。这是一个很有趣的现象，值得研究。

那么，现在我们来思考，该如何对现在的、今天的中关村进行现象概念化？这个现象概念化的起步。中关村的历史和现状，就是两年以前，过去二十年。不管是分析单位，或者是理论的空白，或者是本领域的管理实践，这几个角度都是可以切入找创新点的维度。那么在管理实践里，我们看到数字化创业者活动，通过他们的创业活动我们可以去探索和理解整个创业生态，这是一个中关村可能吸引我们的地方。

已经很清楚，我们对这个管理实践感兴趣，接下来考虑分析单位将会是什么？是创新创业的这个社区。这里的社区是什么概念？中关村，如果现在走到中关村，我们可以看到创业创新的社区。这里的社区并不是指有一些人居住的社区，而是一个抽象、隐形的、社区的概念。这个社区的意思更像是，如果一个潜在的创业人员突然有了一个灵感，就带着他的电脑，坐到中关村的咖啡馆去，然后跟同在那里的人分享想法和思想。类似咖啡馆这样的一种有利于创新创业的生态里面，会产生很多这类活动；也有可能是两个对某种技术很感兴趣的人相约在一起。这是一个真的创新的生态，因此我们想要研究的就是这样一个创新创业的生态，应该如何进行管理。来到这里的人可能是有想法要创业的年轻人，也有可能是手握大把资金的投资人，他们都来到了中关村这个创新创业的社区，他们都有一个共同的目标跟共同的兴趣，那就是跟创业或科技创新相关的事情，所以他们来到了这个社区。

接下来就是在中关村这个现象中寻找管理的特色。中关村作为一个创新创业的社区，其特色是没有规则，没有任何一家企业的规则或战略能够约束的一个形态，是一个自我组织、自我管理的一个社区，大家都是自愿的、发自内心或者有需求，才来到这个社区里面，找灵感、找资金、找同伴、找创业的工作伙伴，甚至来招聘人才等。所以，中关村是一个没有任何组织约束的自我组织的创新社区。接下来根据这个定位，还需要去确定通过什么理论视角去对这样一个有趣的现象进行研究。我们在文献中找到了元组织理论（Meta organization）来解释这种社区。元组织是没有任何法律约束的组织。我们将任何一个来到中关村这个创新创业社区的个体都看成是一个"组织"，不管这个个体过去或者现在隶属于哪个企业或者机构，当他来到中关村这个创新创业生态中时，就衍生出了元组织。元组织定义中所提及的法律约束的意思是，如果某个个体隶属于某个企业，那么企业一定会对这个个体存在一定的约束，不论是职业道德、从业规范还是什么其他规则。而当这个个体来到中关村这个创新创业生态的群体中时，大家都感兴趣的唯一一点就是创业创新，也就是说，这时这些个体并没有受到任何固有组织的定义的限制。所以对这样的群体、社区，没有办法用传统的管理理论来解释。过去我们在研究管理时，通常研究者都会研究某个企业中员工的管理机制、某个企业的管理方式或者其他慈善机构内部的管理。针对类似中关村创业大街中这种自我管理、自我组织的这种组织要如何管理，这样的问题还没有被研究过。那么这就是我们的切入点。

那么，如何解释这种自我管理、自我组织的现象？当然，在文献上，非常缺乏这一块的研究。所以整个概念化的过程就是从管理的实践出发，选择分析单位、确定管理问题的过程。在中关村创新创业生态这个实例中，我们的切入点是先从实践现象出发，再找到核心的管理问题，然后再把分析单位明确，就是顺着理论发展。

当然在现象概念化的过程中，不需要每一次都按照顺序全部走完这几个步骤，可以根据具体的情况有自己的创新。总结而言，中关村的案例就是探讨元组织的形成，所谓对自我管理的创新创业社区的案例研究。中关村创业大街这个案例的故事主线，就是元组织的形成。因此，理论是元组织，研究将在元组织这个理论上做贡献。那么又需要挑选一个自我管理的理论进来搭配：把元组织作为情境，自我管理当成研究这个情境的视角，这样现象化概念就完成了。但我们更希望每位学者能够走完整个从理论视角到分析重点、研究情境到研究核心的整个步骤（见图8-1）。

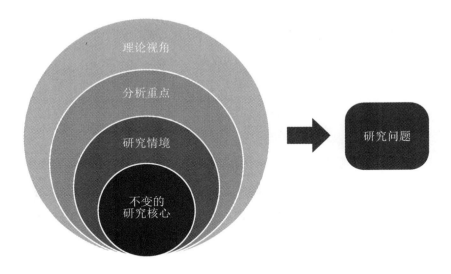

图 8-1　现象概念化到核心研究问题的层次

　　再上升一个层面，即上升到我们之前谈到的"不变"的核心管理问题。案例的情境可以千差万别，是中关村、是淘宝村或某个企业，不变的是数字化技术的赋能。这个不变的核心不论在过去十几年还是未来的十几年甚至几十年可能都不会改变。数字化赋能就是科技赋予某个群体或者赋予社会、企业的一种能力，这是不变的。不管是以"淘宝村"为例，还是以中关村转型为例，这些情境可以变。情境可以是研究农民如何通过科技去提升自己的经济能力，或者是创新生态环境的形成。针对淘宝村的分析重点，是电商平台赋能的生态形成与发展。针对中关村创业生态的分析重点侧重于自我组织、自我管理或混搭。如果选择混搭方面，那么就用混搭的视角去看这个情境，反之如果选自我组织、自我管理，那么理论视角就会搭配自我管理、自我组织方面的理论视角。然后再从这个理论视角去设计研究问题。

　　一般而言针对案例研究的研究问题就只有两类：过程 how 和原因 why。所以要将研究问题提升到"不变"的层面，最好能够抓住最本质的内容来提出这类问题。比如我们可以以"核心能力"为研究的核心问题，不管是工业

4.0还是O2O,或是平台战略,我们都围绕着核心能力这个研究议题来展开。如果核心研究议题是创新的话,不变的议题可以是"创新转型",即使三百年后也还得研究创新转型。如果核心研究议题确定了是创新转型,那么这时就不要拿创新理论研究创新转型,而把创新转型当成情境,采用其他的理论来研究创新转型。

现象概念化之后要做的就是明确用什么方式,以什么切入点去理解,是特征,还是类比,还是要件、流程、生态系统,或者是赋能的逻辑?这六个逻辑是SPS案例研究方法的结构化很重要的一部分。还是以中关村的转型为例,那应该从什么角度切入?是要谈生态系统,还是了解中关村的整个变革的流程或者过程,还是要谈中关村的转型有几大要件?同样针对创新转型这一研究问题,至少有六种切入逻辑,这些就是我们的切入点。关于切入点的六种设计逻辑可以在第九章中看到。

三、关于案例研究蓝海的思考

做案例研究基本上还是掌握三个原则,即探索、解释和描述。我们SPS的案例研究偏向探索比较多。现在学术界大家更在乎的是一个研究是否有趣、其理论贡献在哪里,研究的分析单位是否清楚。当前实证研究流行题材的更迭速度越来越快,2013年农村电商、O2O模式、平台战略就是当时的新现象、新题材;而2015年,工业4.0、智能制造等新的管理实践也已经出现。案例研究的确能够帮助研究者快速有效地抓住管理实践方面最新的一些议题。

如何发掘有趣的现象?第一必须要持续地跟踪业界最新的进展。2013年我们在微博上看到有人在介绍浙江丽水的一些农村电商。作为敏感的案例研究学者,我们就开始去思考如何把淘宝村的现象结合到自己的研究中,或者是把这个现象纳入研究。当我们看到一个新的现象,比如之前提到的中关村转型的现象，就思考如何把它变成一个可被研究的题目。那么，现在我们观察到的最新现象是所谓的"工业 4.0"，在美国叫做"工业互联网"，中国叫做"智能制造"。由此首先可以获得一个信息，那就是德国、美国、中国、英国、法国、日本等这些国家都在迎接新一代工业革命，这是一个发展趋势，同时大家都面临挑战。这是一个很新兴、很有趣的现象，不论政府甚至传统制造业、学界，都很想了解传统企业如何变革。那么可以认定这是一个可以引起广泛兴趣的研究现象，如何把它变成我们可以研究的问题，这就是之前谈到的现象概念化的问题。

我们可以研究智能制造的形成、智能制造的管理，或者是传统企业向智能企业的转型过程。在这里，大家可以看到如何去找一个研究蓝海。2015—2016 年，我们调研了德国柏林的一些企业和可再生能源小镇。以德国的这些案例为起点，我们又相继调研了国内智能制造的典型——青岛红领，以及中国中车，通过后者这些国内案例去观察国内的智能制造。然后做一个比较性的跨国研究，就是所谓工业 4.0 与智能制造的跨国研究。那么，通过这个议题我们就找到了研究的"蓝海"，并且把那个"蓝海"现象包装成为案例研究学者可以进行研究的议题。这个过程其实就是如何由现象生情境、由情境抽象核心研究问题的过程。

四、案例分析的三个层次

在明晰了现象如何刻画为一个研究核心问题，并在特定的情境下，以何种理论视角来切入之后，我们可以根据手头所得的定性数据的情况来观察案例分析到底应该从哪个层次切入了。

从管理学角度而言，通常研究的对象不外乎是个体、部门、组织和组织间。再具体到管理学案例研究，我们不会研究过于细化、微观的内容，因此个体层次基本已经排除在我们通常所进行的案例研究之外。当然，不排除某些人类学研究可能会以个体为层次开展研究，但这不属于我们探讨的范畴。所以，管理学案例研究更多地会聚焦在部门、组织和组织间的层面。从管理信息系统领域来看，综合其近年发展所呈现的趋势，我们认为，管理学案例研究的分析层次具体可以有部门、企业或组织以及生态三个层次。

具体到我们的案例分析要从哪个层次展开，取决于可以得到的案例数据所表现出来的特征。

如果我们观察到的现象更多地谈及了项目的制定与实施，或者是在案例故事发展过程中部门之间的冲突与整合，以及以部门为单位的各种管理逻辑、方式方法等，出现类似这样基于部门来探讨如何开展管理活动，或者如何提升整个组织能力的数据时，我们应该将更多的关注点放在部门层面。比如在很多电子政务的案例研究中，我们通常会以电子政府（e-government）为研究对象，那么管理行为或者逻辑通常出现在政府部门的层次，所以这时我们往往会选择从部门层次作为案例分析的着眼点。

有时，我们所获得的案例数据表现出组织在某个大环境中所面临的问题，或者一项管理策略、一种模式创新等，这时更多的就是组织层面表现出来的数据，因此分析层次就应该落在组织上。

另外，比如在很多社会创新案例中，或者在商业中谈及"生态"时，往往包含了组织内外、跨组织或者超越组织形态的管理行为、策略等，而且有时候这些行为、策略并不表现为以组织为单位，而是有组织、有个人，并且这种行为在很多情况下都是自主自发的。这时，就必须要从更广的"生态"层次开展分析。

我们将分别针对这三个层次的分析各做一个举例，以帮助理解（见图8-2）。

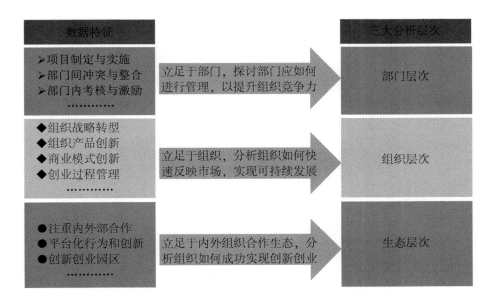

图 8-2 案例分析的三个层次

1. 部门层次

示例 8-1：

Pan G.，Pan S. L., "Transition to IS project de-escalation: An exploration into management executives' influence behaviors", *Engineering Management*，*IEEE Transactions on*，2011, 58(1): 109-123.

这篇示例的案例论文描述了英国一个自治市议会化解电子采购项目失败危机的故事。在这里我们发现，所有的数据都集中围绕着负责项目的部门高管如何影响着项目的变化，从他如何能够有这样的影响力到他如何使用这样的影响力破解项目危机。因此，我们就将分析层次定位在部门，主要探讨这个 IT 项目部门高管如何将这个濒于失败的棘手项目转变成功，分析得出了部门高管项目危机影响力行为形成的三个关键因素，以及高管成功化解项目危机过程中解冻、变革和冻结的五大步骤（见图 8-3）。

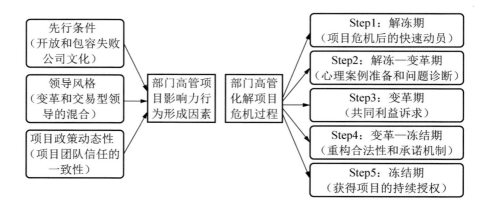

图 8-3　电子政务项目高管的影响获得力及危机化解过程

2. 组织层次

这篇示例论文[1]以中国最大的家电制造商海尔为例，探讨了海尔作为一家传统的制造型企业如何在电子商务战略中实现组织惯例（routine）重新配置。从访谈中获取的数据我们发现，基本上数据都围绕着海尔通过几种不同的管理手段来改善组织惯例，从而实现电子商务战略的过程。这里，"组织惯例轨迹"被视为通过组织完成他们所做的事情而形成的相互依赖的行为轨迹。通过对海尔数据的梳理并配合组织惯例理论的分析，文章打开了传统企业实施电子商务战略中的组织惯例重新配置的黑箱，主要体现在三个惯例重塑的过程（见图 8-4）。

3. 生态层次

这篇示例论文[2]可能是本书中最新的一篇，主要关于社会创新现象中的

---

1. Chen J. E., Pan S. L., Ouyang T. H., "Routine reconfiguration in traditional companies 'e-commerce strategy implementation: A trajectory perspective", *Information & Management*, 2014, 51(2): 270-282.
2. Carmen Leong, ShanL. Pan, Sue Newell and Lili Cui, 2016, "The Emergence of Self-Organizing E-Commerce Ecosystems in Remote Villages of China: A Tale of Digital Empowerment For Rural Development", *MIS Quarterly*, Vol.40, No.2 pp. 475-484.

"淘宝村"。我们通过对浙西南地区和丽水地区两个"淘宝村"的案例研究，在以社区为单位的农村电子商务现象中，发现电子商务（ICT）能够赋予处于社会边缘的农村地区更多的主动性，形成可以自我进化的农村电子商务生态。这里所指的社区以村镇为单位，通过走访我们发现，村镇中的个人会先后参与到电子商务中，慢慢形成由销售环节带动的整条产业链。不仅如此，为了更好地发展，村镇中的个人还会主动形成同业协会，同时寻求来自政府和其他公共组织的帮助。在这个过程中，这些主要参与者将在不同的可供性条件下使用相同的技术，以推动电子商务生态的产生、扩展和自我振兴(见图 8-5)。

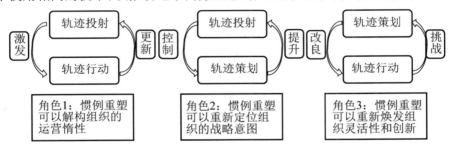

图 8-4　企业惯例的重新配置

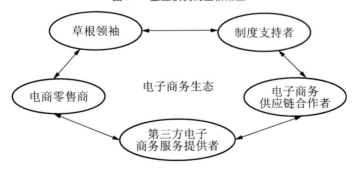

图 8-5　农村电子商务的生态构成

第九章
案例设计逻辑

　　常常有人追问,到底什么样的案例才是好的案例?其实,好的案例和电影有相似之处。作为一名观众,我们很容易能够感知一部电影的好坏。电影的好坏取决于剧本。好的案例就像一个好的剧本,能从观众的一个好奇心开始,引入情境,分析到位又拿捏得恰到好处,一口气读完酣畅淋漓,又能引人深思。不仅如此,同一部电影,不同的观众往往会关注到不同的方面。比如泰坦尼克号这部电影,有的观众认为是爱情片,有的观众认为是灾难片,也有的观众认为这是科技片。因此,好的案例与剧本一样,需要通过设计才能够实现。这里所说的设计主要指一个能够引起读者共鸣或者引发读者兴趣的好的切入点。放在案例写作上来看,案例作者会用不同的视角去解读案例情境。用学术的话来说,就是寻找一个好的诠释案例的视角和相对应的清晰的研究问题。那么在较为复杂的案例表象下面,如何抓取案例中有代表性的、吸引读者的部分?在这里,我们将介绍六种案例设计的逻辑。

一、特征逻辑

特征逻辑主要指将案例中具有鲜明特征的部分作为切入点。这一类逻辑主要是在案例中提取与研究问题密切相关的共性特征，将该特征划分为不同的特征维度，逐一根据案例内容进行分析和阐述。以下将以一篇期刊论文为例，介绍和解释特征逻辑。

示例论文的主题是危机响应的信息网络，主要探讨危机响应中信息网络构建的方法，以及在这些信息网络中，信息技术发挥了怎样的作用。文中采用了四个危机案例，分别是：

- 2003 年，非典出现在东南亚，相继在全球蔓延。新加坡是第一个果断应对的亚洲国家。新加坡政府应对"非典"危机时建立的危机管理系统高效协调危机响应所需信息，迅速控制了疫情。
- 2004 年，我国台湾地区非营利性慈济会运用他们的信息网络在 2 周内从全球 9 万多名志愿者中筹集 1406 万美元用于印尼海啸救援。
- 2005 年，美国卡特里娜飓风来袭，虽然危害等级不高，但各政府机构间由于沟通不畅导致对此次飓风预防不利、救援缓慢，导致 1800 人死亡，经济损失超过 810 亿美元。
- 2008 年，台风拿加加斯袭击缅甸，导致约 10 万人死亡。虽然许多国际机构动员为幸存者提供援助，但是缅甸政府因为政治原因阻碍灾情信息向国外媒体和国内自由媒体传播，从而造成国际救援不力。

四个案例都是危机后的应对，由于不同的危机响应目的，分别构建出了不同类型的信息网络，信息网络构建的差异又产生了迥异的结果。在对比四个危机响应案例时，我们的分析过程是这样的：从案例中都存在的沟通的特征切入，分别提取了在危机发生中以及发生后，救援机构之间、与受灾者之间及与其他社会公众之间沟通的三个特征维度。采用信息流和信息网络的相关理论，从信息的强度、信息网络的密度两个角度对四个危机响应案例进行了初步划分，再对四个危机响应过程中在这三个特征维度的情形进行了分析、对比和探讨（见图9-1），从而获得了四种类型的信息网络：信息星星、信息金字塔、信息森林和信息封锁（见表9-1）。

表9-1 危机响应网络结构的四种类型

	信息强度（数量）	网络密度（到达性）	信息流方向	中央责任机构角色
信息星星	高	高	上下双向	信息中心
信息金字塔	高	低	从上至下	信息把关人
信息森林	低	低	单打独斗	缺乏中心组织
信息封锁	低	高	从上至下	信息过滤器

案例一：新加坡"非典"
救援机构之间的沟通：
通过危机管理系统来管理各机构之间的信息流通

与受灾者的沟通：
在被隔离者家中安装视频摄像机来监视和用电话进行沟通

与公众的沟通：
每天召开记者招待会、媒体报道、网站宣传

案例二：斯里兰卡海啸
救援机构之间的沟通：
在灾区建立救援小组，按时通过电话、电邮和传真向慈济总部发送当地信息。使用大型的公告板来追踪信息

与受灾者的沟通：
通过当地救援小组与受灾者面对面沟通

与公众的沟通：
及时的网站更新

特征维度

案例三：美国飓风
救援机构之间的沟通：
技术的孤岛限制了信息的跨部门流通

与受灾者的沟通：
媒体报道，电话通信（但被严重中断和负载过重），网站上发布受灾信息

与公众的沟通：
受灾者建立自己的网站来更新案例人员名单，并提供相关亲属的位置信息

案例四：缅甸台风
救援机构之间的沟通：
政府控制了所有的媒体，限制媒体能够传播的信息

与受灾者的沟通：
与权力当局零散的面对面会议

与公众的沟通：
公众利用博客和社会媒体来分享图片和信息，但一旦政府知道了这些行为，就会被阻止

图9-1 四个危机响应案例的特征维度分析

二、类比逻辑

类比逻辑（analog logic）主要指将案例中的关键发现通过类比的方式呈现，使案例分析更形象、更自然，案例结论常常令人感觉眼前一亮。采用类比逻辑形成的案例论文往往非常惊艳，这里我们将以一篇获得杂志年度最佳论文第二名的案例论文作为实例，对类比逻辑进行解释和说明。

示例：

Du. D W Y，Pan，S. L., "Boundary Spanning by Design: Aligning boundary-spanning capability with boundary-spanning strategy", *IEEE Transactions on Engineering Management*, 2013, 60(1): 59-76.

背　景

东软集团是中国首屈一指的 IT 服务供应商，2009 年拥有 15000 名员工，9000 名客户。该公司 1991 年初创时仅仅是一个在东北大学的不足 10 人的公司——仅有两个大学教授和几个研究生。目前，公司开发的各种软件已被广泛运用于工程、电力、电信、房地产、工厂设计等行业，软件的商品化率是国内软件行业中最高的。东软集团以软件技术为核心，通过软件与服务的结合、软件与制造的结合、技术与行业管理能力的结合，提供行业解决方案、产品工程解决方案以及相关产品与服务。面向行业客户，东软提供安全、可靠、高质量、易扩展的行业解决方案，帮助客户实现信息化管理最佳实践，以满足客户业务快速发展的不同需求。行业解决方案涵盖的领域包括电信、电力、金融、政府（社会保障、财政、税务、公共安全、国土资源、海洋、质量监督检验检疫、工商、知识产权等）以及制造业与商贸流通业、医疗卫生、教育、交通等行业。在服务领域，东软提供包括 IT 咨询服务、应用开发和维护、套装应用软件服务、专业测试及性能工程服务与本地化服务、IT 基础设施服务、IT 教育与培训、业务流程外包（BPO）等服务业务。其中，在 BPO 方面，东软面向日本、韩国、欧美等国际市场和国内市场提供 Call Center、IT Help Desk、Application Support 以及 HR outsourcing、Web contents management 等 Back-office 外包服务，涉及 IT、教育、政府、通信、互联网、制造、个人消费品等众多行业领域。

SAP 是国际知名的 IT 服务供应商，2009 年其拥有 47000 名员工以及遍布超过 120 个国家的客户。该公司在全球拥有多家子公司，每家子公司都有一定的自主权。我们的研究主要关注其中国子公司，它于 1997 年成立，负责亚太地区和日本业务，其中以日本地区业务为主。SAP 本着将国际先进的管理知识同中国实际相结合的宗旨，充分满足了中国企业追求管理变革的要求。SAP 以信息技术为核心，不断推出适应企业管理需求和符合企业行业特点的商务解决方案，并会同合作伙伴帮助中国企业进行管理改革，增强竞争力。SAP 在中国拥有众多的合作伙伴，包括亿达集团、中国石化、IBM、HP、汉普等知名企业。SAP 在众多的项目中与这些伙伴密切合作，将先进的管理理念和方法转变为切实帮助中国企业成功的现实。

自 1997 年就已开始从事软件开发的 SAP 中国研究院于 2003 年 11 月正式成立，同时升级为 SAP 全球八大研究院之一。作为 SAP 全球分支机构中发展最为迅速的机构，目前已有来自全球的 1000 余名研发人员。通过与 SAP 全球研发网络的紧密合作，SAP 中国研究院目前的工作范围覆盖了企业应用级解决方案研发流程的全部环节，并致力于为中国、亚太区乃至全球的客户提供创新的、全面的企业应用级解决方案。目前 SAP 中国研究院的工作重点在：成长型企业解决方案、SAP 最佳业务实践、Linux 应用、供应链管理及制造相关解决方案、企业战略管理解决方案、企业业务流程革新、SAP ERP 财务和 SAP ERP 人力资源管理解决方案和其他战略性研发项目。中国本地化支持部门是 SAP 全球支持部的一个重要组成部分。它在全球支持中心提供的产品支持的基础上，主要针对中国本地客户加强个性化和现场服务能力，确保客户顺利实施复杂应用并协助客户持续改进现有解决方案。

这篇论文以东软与 SAP 在 IT 外包现象中的案例作为分析对象，从跨边界（boundary spanning）能力与战略的角度切入，探讨了两家企业在面向日本客户提供服务时能力与跨边界策略之间的对应关联。研究问题主要关注在 IT 外包现象中，客户与提供商之间的矛盾与挑战，以及 IT 外包提供商如何获得跨境能力及制定相应的跨界战略。通过在边界跨越方面的文献综述，文章主要关注两个相关元素：一是员工的科技和沟通技能中所展现的边界跨越潜力；二是同客户的沟通结构中表现出来的边界跨越战略。

东软与 SAP 都是业界知名的 ERP 解决方案提供方。东软以培养大量技术人才起家，逐渐确立了开发窗口式的交流平台，即指派专门的客户代表与客户沟通，技术人员隐藏在客户代表背后，以满足客户代表在与客户沟通时对具体技术支持的需要。SAP 则在创立之初就建立了开放式的交流平台，所有员工既需要与客户沟通，又需要解决技术问题，因此长期培养兼具交流与技术能力的人才是他们行之有效的策略。文章从跨边界理论的视角，对比了两家企业在技术服务外包中的能力构建与相应的战略匹配。在跨边界战略的对比分析中，我们联想到了客户与技术服务支持人员之间的对应关系，有点类似于足球比赛中的阵势。因而在形成这部分研究结论的过程中，就采用了类比的切入逻辑，得到了东软的集中型跨界策略和 SAP 的分散型跨界策略（见图 9-2）。从中可以看出，关于跨边界策略，两家公司是截然不同的：东软集团在第一阶段主要关注技术能力，第二阶段建立一个清晰的通信结构，第三阶段在窗口通信结构中依次加强技术重点的劳动力；而 SPA 中国则在第一阶段，就致力于建立一个高效的通信结构，并且不断积累。东软集团的跨界能力是极端化能力，跨界策略则是中心化策略；SPA 中国则是两方面均衡发展的能力，采用发散策略。这种不同的跨界能力和跨界策略的搭配构建了两个典型的跨界模型，既典型又有说服力。正是这样形象化的类比，使得这篇论文获得了期刊当年度的最佳论文第二名。

东软集团　**跨界能力对比**　SAP中国

跨边界能力

两极化能力	双元能力
大部分员工具备技术能力但缺乏沟通能力。招聘时强调应聘者的工程学背景。培训的重点也是技术相关培训	大多数员工都兼具专业技能与沟通技能。招聘的目标也是兼具这两种能力的员工。培训的重点既包括技术方面也有沟通方面

东软：单一能力　员工的技术能力高但欠缺沟通与语言的能力

SAP：双元能力　员工同时拥有技术能力及沟通能力

跨边界战略

集中型策略	分散型策略
东软集团　客户	SAP中国　客户

东软：集中策略　倚重个体跨界管理者，形成"足球场模型"

SAP：分散策略　员工分散在边界，直接参与跨界活动

信息同化与发布都要通过基于客户前提的窗口项目经理的引导与监控，内部工程师保持独立于客户之外。每个客户都只能通过窗口进行沟通

所有的顾问都被分派到跨边界的工作中。他们基于自己的专业知识与客户疑问涉及的领域联系起来，顾问之间相互合作传递解决方案。一个客户可以与多个顾问交流

Ⓣ 只拥有技术技能员工　　Ⓒ🅣 拥有技术和沟通两种能力员工　　☐ 客户员工

跨界战略对比

图 9-2　东软与 SAP 中国的跨界战略对比与足球比赛中的阵势进行类比

三、组件逻辑

组件逻辑（component logic）指在案例分析中侧重于分析案例的主角在实现或完成某项管理任务时所必备的重要活动或者环节，通过这样的切入，提取并突出实现某些管理事项的重要内容，从而在案例中获得有启发的研究发现。这篇参考文献于 2014 年发表于 *Journal of American Society of Information Science and Technology*。

示例：

Tan，BCC.，Pan，S.L.，Zuo，MY, 2014, "Harnessing collective IT resources for sustainability: Insights from the Green Leadership Strategy of China Mobile", *Journal of American Society of Information Science and Technology*, Vol 66，Issue 4，pp. 818–838.

> **背　景**
>
> 中国移动是全球最大的通信服务供应商，在中国的 31 个省（直辖市）建立了全资子公司，移动与无线服务是其主营业务。该企业实现可持续发展的承诺可以追溯至 2005 年。同年，它发布了第一份企业社会责任（CSR）报告。2007 年，这一举措很快就发展成为全公司范围内的活动。那时，它发布了一项复杂的绿色行动计划（GAP）蓝图，委员会办公室也在这一年成立，即节能减排部或更为人所熟知的 GAP 办公室。如前所述，上述举措最后的结果无论是在内部还是外部都是令人印象深刻的。

论文以中国移动建立和推广绿色行动计划为主要现象，以绿色领导力（green leadership）和组织集体行动（organizational collective action）为探讨的理论基础，集中分析和讨论了企业如何获得绿色领导力，并且这种领导力如何被用于辅助与绿色 IT 相关的协同性初创活动。中国移动自 2007 年起建立绿色行动计划，致力于集团的能源减排与环境的可持续发展工作，绿色行动计划既涉及推动集团内各个下属公司的能源减排工作，也需要引导外部的众多合作伙伴予以支持、配合。因此，绿色行动计划是一个需要内外部协同，从战略开始到执行的一个推进过程。论文首先从中国移动在推动绿色行动计划的过程入手，将其划分成了三个阶段：战略化、动员和执行。在每一个阶段，分别从动机、行为两个方面分析如何在内外部获得推动绿色行动计划的支持与认可，最终使这个计划得以实施（图 9-3）。而在这三个阶段中，我们识别了动机或行为在内外部推行分别需要的四大组件：给予愿景（envisioning）、执行（enacting）、传播（evangelizing）和诱发（eliciting），如图 9-4 所示。在战略化阶段，首先，在内部建立战略一致性，对集团内部即将要实施绿色 IT 计划的企业进行关键目标的重新定位；其次，在动员阶段，在内部多项活动的实施中具体体现绿色 IT 计划，在外部合作伙伴中传播与推进绿色 IT 计划相关的信息，辅助计划更好地执行；最后，在执行阶段，则聚焦在绿色 IT 计划活动的内外部协同实施。

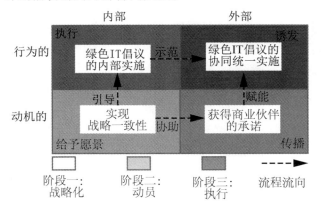

图 9-3　中国移动建立推广绿色行动计划的三个阶段

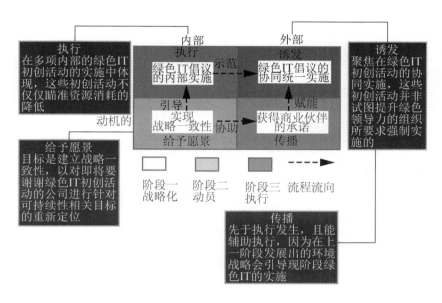

图 9-4 三个阶段中的四大组件识别

四、流程逻辑

流程逻辑（processual logic）可能是各种案例设计逻辑中使用较多的一种，主要是从研究现象相关的各种流程与其发展过程切入，通过各种流程与发展过程的梳理提取研究现象中所隐含的管理经验。这里所列举的案例论文发表于 2014 年的 *European Journal of Information Systems*。

示例：

Huang PY，Pan SL，Ouyang TH, 2014, "Developing information processing capability for operational agility: implications from a Chinese manufacturer", *European Journal of Information Systems*, Vol 23，Issue 4，pp. 462-480.

背 景

海尔集团是全球大型家电企业中排名第三的制造商。它生产的产品种类繁多，从冰箱到电脑无不涉及。海尔集团的前身是20世纪80年代早期建立的青岛电冰箱厂，但是在建立几年后就因为高达230 000美元的负债几乎要申请破产。1984年，海尔集团的CEO张瑞敏接管这个公司，并且开始在海尔进行一些基础管理，他尤其关注质量控制。从那以后，海尔集团开始慢慢因其优质的质量和服务成为享誉世界的品牌。到2009年，25岁的海尔已成功地建立了自己的生产和销售网络，包括30个海外工厂及制造基地、18个研究开发中心、10个工业园区、58 800销售办事处，以及从冰箱和洗衣机到电脑和电视机的96个产品的分类。2010年它在全球拥有超过50 000名员工，并在当年取得了207亿美元的年收入。

海尔的IT部门是在20世纪90年代早期成立的，这让海尔成为中国第一批投资IT的企业之一。随着IT在中国的蓬勃发展，海尔投入大量的资金和资源打造其IT基础设施，来转换IT部门的身份识别。在15年的时间内，该部门逐步从一个辅助性职能部门转变为战略决策的角色。IT部门的员工数量也由成立之初的10人增加到2010年的265人。海尔IT部门的发展可分为三个阶段，即自动化、多系统输入和无处不在的系统集成。

第九章　案例设计逻辑

这篇论文以青岛海尔为研究对象，探讨海尔这家制造型企业如何通过一系列的管理与技术变革来满足客户复杂多变的需求。海尔是中国最大的家电制造企业，在全球拥有 240 多家子公司、110 多家设计中心、工厂和交易公司。海尔之所以能够赢得现今在市场上的地位，不仅仅与其制造能力、发展有关，更得益于这家企业勇于拥抱变化的决心和执行力。海尔每个月收到超过 90 万张销售订单，这些订单涉及的定制化产品超过一万种，需要为此采购超过 26 万种原材料。生产流程复杂，又要以最快的速度满足客户日益多变的需求。海尔自 2007 年以来实施了一系列的管理与技术变革，特别是在各种信息的处理方面得到了明显的提升，使得生产运营的表现获得了很好的改善。我们需要探讨的问题就是，海尔如何发展信息处理能力，以提升运作的敏捷性。这是一个典型的"how"问题，要解开中间过程和背后的机制是最适合案例研究的问题。因此，论文就从流程的角度进行切入，基于信息处理视角（information processing view）、组织控制（organizational control）与运作敏捷性等文献，回顾了海尔在发展信息处理能力以应对需求不确定性的过程与步骤：分别在任务预测、任务计划与任务执行三个阶段（见图 9-5），通过建立信息星星结构、信息网络结构和信息树机构，有针对性地提高了信息敏感度、信息协同度和信息流动性，并采用了相应的结果及自我控制、行为及组群控制和结果与行为控制，实现了在任务预测阶段对客户需求的准确获取，在任务计划阶段的成本经济协调，在任务执行阶段的高效执行，即在从感知市场变化到应对市场变化的整个过程中获得了运作的敏捷性。

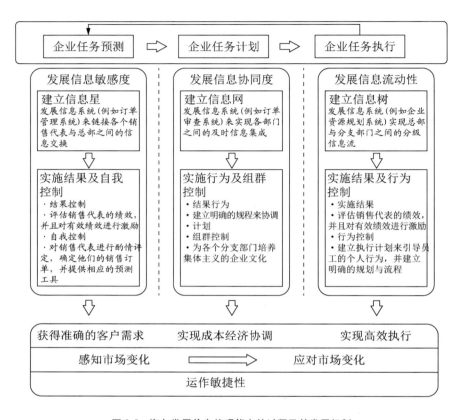

图 9-5 海尔发展信息处理能力的过程及其发展机制

五、生态系统逻辑

生态系统是近几年特别是互联网平台型企业崛起以后,在业界和学术界都非常热门的概念。生态系统逻辑(ecosystem logic)主要是从生态系统的视角切入审视研究现象,不论是战略还是能力发展或是其他研究问题。

示例:

Tan BCC., Pan S. L., Lu X H., and Huang L. H., 2014, "The Role of IT Capabilities in the Development of Multi-Sided Digital Platform Development Strategy of Alibaba.com", *Journal of the AIS*, Volume 16, Issue 4, pp. 248-280.

第九章 案例设计逻辑

> **背　景**
>
> 　　毫无疑问，在世界互联网企业中，阿里巴巴可以算得上是最大的 B2B 电子商务门户网站之一，它每月拥有超过 260 万个不同的访问者。阿里巴巴的商业中心提供一个贸易平台，连接国际买主与中国上百万的中小企业（SMEs）。这些中小企业提供五花八门的产品，从农产品到飞机零部件都有。但是，从初创阶段开始，阿里巴巴已经对其所涉足的商业领域进行了多样化运作，公司包括一个个人对个人（C2C）的在线拍卖站点（淘宝，Taobao）、一个因特网门户网站（雅虎中国，Yahoo China）、一个时尚生活产品和服务的在线评论站点（口碑，Koubei），以及一个在线广告贸易平台（阿里妈妈，Alimama）。此外，根据（阿列克萨 Alexa 的调查，这些独立的组织与阿里巴巴一起，都是中国最流行站点的前 100 名。然而这样庞大的阿里巴巴商业帝国却始于 1995 年的中国黄页。1999 年 3 月，马云和他的核心团队带着为世界构建一个连接中国千万中小企业 B2B 电子商务门户网站的梦想，在杭州建立了阿里巴巴。短短 9 年之后，阿里巴巴成为受人瞩目的跨国公司，它在全世界拥有 10 000 员工，年收入 2.07 亿美元。阿里巴巴的数字化商业生态系统充满活力，成员众多，被无数人称道，它已经成为企业敏捷性的第一驱动力，这也成为阿里巴巴获得巨大成功的关键因素。

　　阿里巴巴是世界上最大的 B2B 电子商务门户之一，迄今为止，阿里巴巴集团已经发展为覆盖 B2B 和 B2C 电子商务、搜索、支付、生活服务、在线软件服务供应商、云计算服务供应商及互联网广告等多个领域的互联网平台型企业。基于互联网的平台型企业，是如何通过发展 IT 能力形成与发展多边平台（multi-sided platform）的？同时，这种能力又是如何随着多边平台的发展而不断地演变？这是我们力求通过案例分析解答的问题。问题的核心在于多边平台与 IT 能力，因此，文章聚焦在多边平台的生态系统的发展历程，以及与其适配的 IT 能力的发展过程。在研究中，通过对商业生态系统的前期分析，将调查聚焦于三个关联的主题：（1）生态系统开发的先行者——分析阿里巴巴的战略和生态系统的角色；（2）生态系统开发的特征；（3）生态系统开发的结果——聚焦于提升企业的敏捷性。分析数据显示，阿里巴巴经历了三个不同的阶段，每个阶段都采用了不同的战略，扮演了不同的生态系统角色，进行了形式不同的生态系统开发（见表9-2和图9-6）。

表9-2 阿里巴巴生态系统的发展过程

阶段1： 建立向心性获得关键成员基数	阶段2： 培育内部网络 界定防生态系统边界	阶段3： 培育共生体系
组织战略的根本逻辑		
能力逻辑： 利用公司特有的战略资源和能力去创造价值	游击队逻辑： 创新和新能力的发展，即提升内部互动、减少外部互动、破坏现有的和潜在的竞争者的竞争基础	复杂性逻辑： 开发生态系统能力，以便在一个健康的商业生态系统中培育成员间的共生关系
生态系统角色		
基石——服务供应商： 通过直接服务促进会员的实质性参与，以降低会员的进入障碍	基石——平台供应商： 通过为自主的互动和交易提供平台，在终端创造价值	基石——效用计算服务供应商： 通过提供应用软件和在线工具并收取使用费，来拓展其终端服务的角色
生态系统开发的特性		
中心-轮辐式生态系统	网络化生态系统	共生的生态系统
通过扮演关键的服务供应商的角色并降低参与者的壁垒，来创造独特的价值，从而吸引和保留生态系统成员，获得关键成员基数，并使自己成为生态系统价值创造的中心	扮演关键的平台供应商来提升内部互动的能力，促进生态系统中非正式的、松散耦合网络的形成。尽量减少外部互动从而建立防御性的生态系统边界	扮演关键的计算服务供应商来提升生态系统的能力和功能，使整个生态系统从一个单一成员利用社区资源和能力的模式向生态系统的共享模式转移

续表

阶段1: 建立向心性获得关键成员基数	阶段2: 培育内部网络 界定防生态系统边界	阶段3: 培育共生体系
生态系统开发的意义		
认知和反应的敏捷性 将组织自身建成生态系统的中心，生态系统会员可以直接向这个中心反馈需求。生态系统的中心承担着对成员反馈信息响应的任务，并通过这一过程使所有成员受益	预见的敏捷性 组织不仅能够对其成员的直接的、快速的反馈作出响应，而且能够监测和分析成员之间的互动，从而预测未来的和潜在的需求	集体的敏捷性 生态系统会员可以创造性地合作生产，这确保了组织快速而有效的创新，因为这种创新是一种生态系统成员自我定制的创新

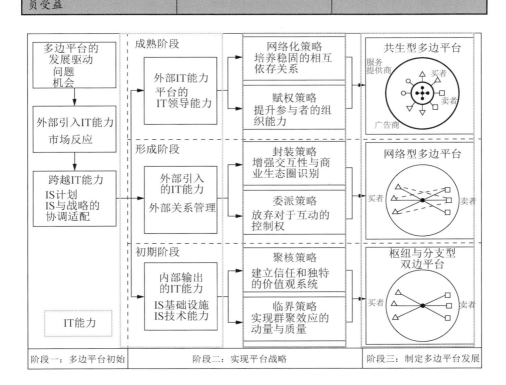

图 9-6 从生态系统视角切入的阿里巴巴平台战略演变分析

六、赋能逻辑

赋权（empower）在过去很多的信息系统相关文献中我们常常称之为赋能（enable）。赋能原意指信息系统或者信息技术工具赋予了一些能力或现象的产生，使这些使用的人群或者组织获得了过去所不具备的能力或不能够实现的目标。而赋能逻辑（enablement logic）主要是在案例分析的设计中，尝试从赋能的视角去解释和挖掘研究现象背后的 how 或者 what。

示例：

Leong, M. L., et al., 2015,"ICT-enabled Community Empowerment in Crisis Response: Social Media in Thailand Flooding 2011", *Journal of the AIS*, Vol. 16: Iss. 3, Article 1.

在社会领域，我们发现在越来越多的情况下，个体或组织因为对于信息技术工具的使用而产生了赋能的效果。2011年6月，泰国被异常严重的暴雨和热带风暴袭击，造成了大范围的严重洪涝灾害，波及其境内77个省份中的65个。灾情造成大范围的正常生产与生活中断，且历时近7个月，直至2012年1月才逐渐恢复。在政府官方信息发布迟滞且准确度难以保证的情况下，社交媒体成为众多无助的民众极为重要的信息传播渠道与救援组织渠道，发挥了重大的作用。我们希望通过对这个现象的研究，探索社交媒体是如何赋能给危机响应中的社区团体，以实现有效信息传播和自我救援的。基于赋权（empowerment）的视角，论文主要探讨了社区团体使用社交媒体在结构、资源和心理三个过程中实现赋权所发挥的作用，通过赋权社交媒体使社区团体实现了集体参与、共享识别和协同控制（见图9-7）。

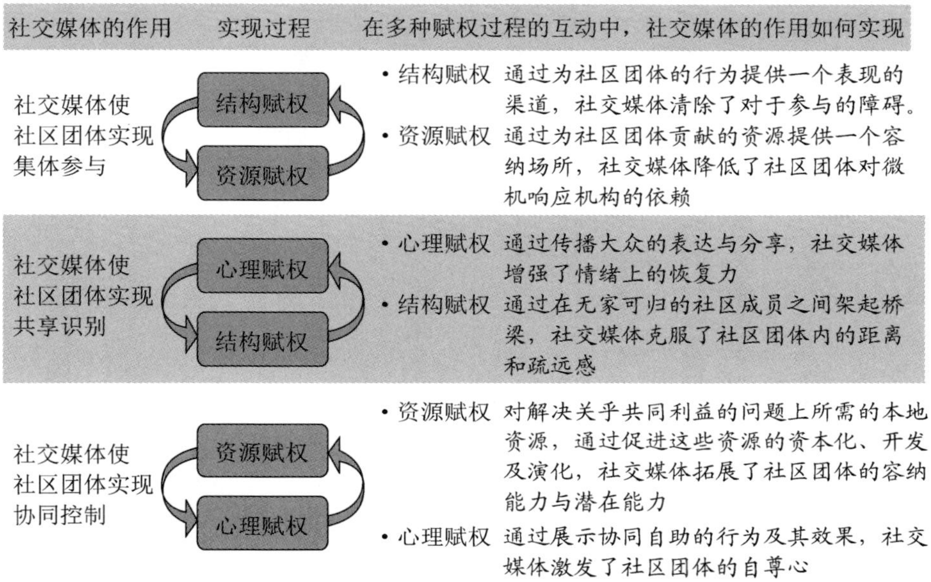

第九章　案例设计逻辑

社交媒体的作用	实现过程	在多种赋权过程的互动中，社交媒体的作用如何实现	
社交媒体使社区团体实现集体参与	结构赋权 ⇅ 资源赋权	• 结构赋权	通过为社区团体的行为提供一个表现的渠道，社交媒体清除了对于参与的障碍。
		• 资源赋权	通过为社区团体贡献的资源提供一个容纳场所，社交媒体降低了社区团体对微机响应机构的依赖
社交媒体使社区团体实现共享识别	心理赋权 ⇅ 结构赋权	• 心理赋权	通过传播大众的表达与分享，社交媒体增强了情绪上的恢复力
		• 结构赋权	通过在无家可归的社区成员之间架起桥梁，社交媒体克服了社区团体内的距离和疏远感
社交媒体使社区团体实现协同控制	资源赋权 ⇅ 心理赋权	• 资源赋权	对解决关乎共同利益的问题上所需的本地资源，通过促进这些资源的资本化、开发及演化，社交媒体拓展了社区团体的容纳能力与潜在能力
		• 心理赋权	通过展示协同自助的行为及其效果，社交媒体激发了社区团体的自尊心

图 9-7　社交媒体赋权危机响应中的社区

很多案例都可以用以上六个设计逻辑中的一个来切入。具体需要根据具体的案例事件背景和研究视角来确定。同一个研究现象可能可以通过多种设计逻辑来实现，具体可以根据研究者自己关注的方向或案例所表现出来的特征来确定。

第十章
动态模型

　　动态模型，顾名思义，即模型的核心带有动态发展的特征，反映研究现象或组织随时间而变化，描述研究对象与时间或顺序有关的特征、影响变革的事件、事件的序列、事件的环境以及事件的组织等。这类模型常见的技巧有三：最为简单直接的就是借助时间轴来寻找研究现象或组织的发展变化，或者寻找在形成研究现象或组织行为的具体步骤或机制，也可以匹配模型中的元素与模型结果，借此在案例研究现象中提取出动态模型式的变化规律。SPS 方法的动态模型构建方法共包含阶段式建模、流程式建模、转型式建模和路径依赖式建模四种类型。

一、阶段式建模

　　阶段式建模是指对研究现象或者企业的发展历程进行建模，模型通常以时间阶段划分，突显事件发展的阶段性。如果需要解释某个管理现象，希望

第十章　动态模型

从阶段发展的角度去讨论就可以这样做。具体在操作时，应在时间轴上标出与现象或公司相关的重大事件，并将这些事件划分为若干阶段。阶段式建模主要可以帮助观察和分析相同的理论元素在不同阶段的变化。当受访者提供了大量关于现象或者公司发展历程的信息时，可以采用这种建模方式。

这一篇关于海尔的案例研究论文[1]是阶段式建模的一个具体范例。海尔在2007年面对日益变化的市场环境开始发展数据共享平台，2008年这个平台整合了海尔原有的600个系统。有了平台的支持，海尔开始启动全球价值系统；为了适应全球市场的变化，实施了"161周单"机制；配合这个机制，海尔先后开展了生产流程的模块化、订单管理系统等工程；在2009年更是启动了订单预测系统的实施，并且在销售部门逐步推行"人单合一"的管理机制，然后推广到了生产部门；2010年启动了订单回顾系统的建设（见图10-1）。案例聚焦的是海尔的某个生产流程，从预测需求开始，到生产计划，最后到将成品发送至不同的分店。

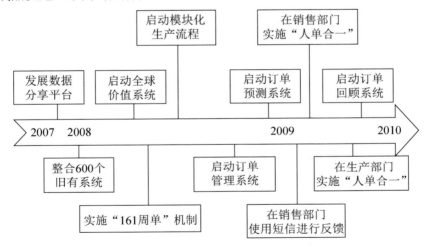

图 10-1　海尔案例的流程化描述

---

1. Huang P.Y., Pan S.L., Ouyang T.H., "Operational Decision-Making As a Source of Operational Agility: An Information Processing Perspective", *European Journal of Information Systems*, 2014, 23(4), pp. 462-480.

本案例的研究问题是海尔如何发展信息处理能力以提升运作敏捷性。信息处理能力一般指企业利用高质量的信息制定决策与优化决策的能力，它包括处理总部与各个分支部门之间的信息交换与信息集成。海尔2008年以前所实施的数据共享平台对原有系统的整合，就是信息处理能力的典型表现。在企业实践中，我们常常可以发现，信息处理能力的提升可以带来运作上的敏捷性，然而这当中究竟是怎样一种机制却并没有非常多的探索。因此，我们就选择在运作敏捷性和信息处理视角的理论上做进一步的研究。运作敏捷性是指在商业流程中，企业利用创新机会的能力，以及竞争中实现高速、准确且经济的运作能力，具体表现为企业感知市场变化并作出应对的能力。信息处理视角主张企业需要有质量的信息以应对决策制定中的不确定性，并优化其决策，该理论识别出信息处理要求、信息处理能力及两者间的配合度三个重要概念。主要研究的是信息能力，如何通过这些信息能力的获取来获得运作的敏捷性。要解释的是信息技术如何赋能制造操作等过程的运作敏捷性。用信息处理的视角去分析海尔如何获取这些敏捷性。

在分析的过程中，我们首先根据研究现象确定各个发展阶段(如图10-2)，从左边到右边是感知市场变化到应对市场变化。在每个阶段中，根据概念化设计确定不同的分析层次，在任务预测阶段主要侧重于信息敏感度，在任务计划阶段侧重于信息协同度，而在任务执行阶段侧重于信息的流动性。接下来主要是在三个不同阶段中分析通过何种手段实现这三个层次的信息处理能力。具体分为两个侧面：一是在信息处理网络构建方面，二是与之相匹配的组织管理与控制活动。具体而言，在任务预测阶段发展信息敏感度，通过构建信息星型网络并实施结果控制和自我控制，可以实现市场与销售之间的信息顺畅，从而能够准确地获取客户需求；在任务计划阶段发展部门之间的信息协同，通过构建信息网结构和实施结果行为及组群控制，能够便于部门之间的信息集成与协调，从而实现成本经济协调；在任务执行阶段主要是通过建立信息树，实现总部与分支部门之间的信息分流，实施结果与行为控制，以便于对具体计划的执行与实施起到引导作用，实现高效的执行。最后描述各个阶段由于不同信息处理能力的发展而获得的结果以及他们之间的关系。通过对海尔发展信息处理能力的三个阶段的分析与梳理，我们最终得到了信息处理能力如何带来运作敏捷性的整个过程模型，并且能够得到结论：信息敏捷性是通过由信息处理网络与组织管控相匹配的两步骤过程实现的。

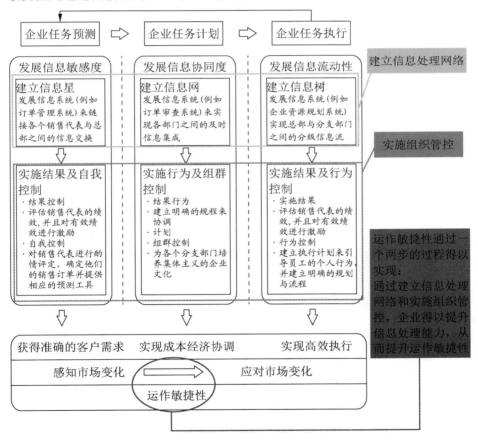

图 10-2　海尔通过发展信息处理能力获得运作敏捷性的阶段模型

又比如另一篇海尔的案例，在这个案例中使用的是与上一篇海尔案例不同的数据，主要聚焦的是 EHaier 商城的建立与发展过程。共划分为三个阶段：从呼叫中心的建立，到在线销售渠道的建立，再到线上线下网络的整合。以资源为焦点的组织行为探讨的研究问题是如何配置资源，我们使用资源配置理论去解释在执行 EHaier 商城的三个阶段中各需要哪些资源，哪些是属于原有资源，哪些是新增的资源，以及如何配置这些资源。在每个阶段中，我们通过不同的图形表现出资源的配置模式差异。比如，在呼叫中心阶段，涉及的竞争主要是与其他家电制造与服务提供商的同业竞争，这时候只要做到通过 IT 去整合内部的资源，以更为迅速地对客户需求进行反应即可。到了建立在线销售渠道的阶段，参与竞争的不仅仅是传统的家电制造与服务提供商了，还包括了其他线上销售渠道，在这样的交叉竞争环境下，需要在上一阶段构建的 IT 系统基础上进一步丰富原有的信息资源，通过整合外部的平台及服务资源实现内外部协调能力的提升，从而提升竞争力。在线上线下网络整合阶段就更为错综复杂了，这时 IT 不再是中心的角色，已经将 IT 资源分散在线上线下不同的位置承担不同的任务，诸如转化外部服务资源，协调内部各种流程，以及管理内外部各种资源等。

> **背　景**
>
> 　　FuzzyEyes（简称 FZE）是一家位于澳大利亚的计算机/控制台游戏工作室。FZE 在 2005 年 8 月开始控制台游戏项目，经过近 6 年的发展，它在 2011 年开始销售。项目资金的水平、竞争格局和技术不同于公司以往用于个人电脑（PC）游戏的开发。控制台游戏在行业内是一个大型项目。公司花了三个月的概念化，用一年半时间完成原型；这个阶段之后，用三年生产 beta 发布版本游戏，用随后一年实现营销计划。在视频游戏行业，一个典型模式是独立游戏工作室专注于游戏的设计和开发；剩下的活动（如分销、营销和获得各种法律批准）和资金的发展由另一个单独的实体提供，称为发行人。然而在我们的案例中，FZE 能够执行某些传统发行人

> 提供的功能。这种能力为公司提供了更多的选项来选择其商业模式和更大的灵活性在不同阶段的项目行使决策权。

还有一个范例是 2014 年发表在 IEEE Transaction on Engineering Management 上关于一个游戏企业的案例[1]。这个案例主要关注了游戏产品开发的商业模式与战术选择。根据对商业模式、策略和实施的相关文献综述，我们用一个简单的理论支持来概念化研究现象，主要通过描述业务模型和其他阶段的两级竞争过程框架，在访谈基础上增加了两个动态元素到理论中：商业模式和策略的单独决策机制，以及连接两个阶段的箭头，这样的策略行动可能引发商业模式的连续修改，如图 10-3 所示。

商业模型：企业的逻辑，运行方式以及如何为利益相关者创造价值；
策略：企业选择的商业模型提供的剩余选择；
决策机制：决策制定方法（实现或者因果），决定了商业模型或策略。

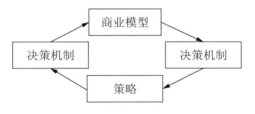

图 10-3 扩张周期的理论支撑

通过对商业模式及战术实现过程的分析，我们划分了概念化、商业模式设计、制造与实施和营销推广四个阶段。在每个阶段中，企业从市场和企业内部两个方面获取资源及能力，并且确定在该阶段中采用的商业模式，以及通过这种决策机制所采用的商业模式的具体内容以及相关联的价值创造和捕捉逻辑。在每个阶段商业模式的定位都有所差异，从而带来不同的价值创造

---

1. Sitoh MK., Pan SL, M Yu, "Business Model and Tactical Choices in IT-enabled Product Creation: Interplay of Effectuation and Causation Processes", *IEEE Transactions on Engineering Management*, 2014, 61(3).

和捕捉逻辑，具体如图 10-4 所示。

决定商业模型的因素及机制			
发展阶段	阶段一： 概念化	阶段二： 模型设计	阶段三： 制造与实施	阶段四： 营销推广
市场因素	成功案例的启示	从供应商处获取平台与工具的提升	良好的外包合作商	从创意产品的业界获取商业实施的实例
企业因素	利用闲置资源	需要更高目标的动机	无法实现资源规模化	需要长期的战略（项目实施之后）
商业模型的决定机制	我是谁 （有效的） 我知道什么 （有效的）	我认识谁 （有效的） 可担负的损失 （有效的）	成本分析 （随意的）	定位分析 （随意的） 市场分析 （随意的）
商业模型作为决定机制的营销结果	愿望驱动 如果我们能够创造出一个消费者四年之后仍然想要购买的游戏，我们就捕捉到了价值。一个好的游戏会通过现有的游戏市场销售自己	创新驱动 我们与知名发行商合作，同时坚持不放弃所有权利。我们的目标是具有 AAA 评级的游戏原型，以此来提高我们的项目成功率	效率驱动 我们通过省成本获取价值。为了以最低的成本实现目标，我们不得不寻求外包生产	战略驱动 我们通过加强现有的知识产权授权获取价值。为此我们推广公司的品牌，加强产品的特征元素，例如人物特点及主体音乐
价值创造逻辑	消费者四年之后仍然想要购买的游戏	创造具有 AAA 评级的游戏以此吸引市场	寻求最低成本实现目标	创造公司的市场声誉
价值捕捉逻辑	好的游戏能够通过现有的游戏市场销售自己	与知名发行商合作，同时坚持不放弃所有的权利	通过降低成本来提高利润	利用知识产权管理来寻找价值捕捉的新资源

图 10-4　FuzzyEyes 在不同阶段确定产品开发商业模式的因素与机制

二、流程式建模

流程是从执行的角度把企业确定的目标实施到位的过程。在流程式建模中，我们基于企业或研究现象的实现过程，挖掘和归纳其一系列的行动机制，以及这些机制的发生、执行及结果，然后用清晰、形式化的方法来表示流程的不同抽象层次。采用流程式的思路建模需要抓住其中关键的三个基本要素：流程中的若干活动，流程中的相互作用，以及最终流程创造的价值。因此，它与阶段式建模最大的差异在于，流程式建模更强调前后不同阶段之间的关联关系，每一个阶段上的活动或者行为都是具有依次顺序及前后承接关系的。一般而言，流程式建模往往会反映组织在某些方面的最佳实践。

示例：

Tan，BCC.，Pan，S.L.，Zuo，MY，2014，"Harnessing collective IT resources for sustainability: Insights from the Green Leadership Strategy of China Mobile"，*Journal of American Society of Information Science and Technology*，Vol 66，Issue 4，pp. 818–838.

这篇关于中国移动推行绿色行动计划的案例。中国移动无论从网络规模、客户数量或者市值角度而言，都是全球最大的电信运营商。从 2005 年开始，中国移动开始在每年发布企业社会责任报告，致力于企业可持续发展。2007 年，中国移动更是发布了一份详尽的绿色行动计划蓝图。为表示推行这项计划的决心，中国移动还专门设立了节能减排办公室，这标志着企业的可持续发展列入了全员工作目标。根据绿色行动计划蓝图，中国移动对这一计划的推行主要划分为三个阶段：2007—2008 年主要建立愿景，2008—2009 年主要实现这一计划的内部执行和外部推广，到 2009 年以后实现中国移动内部与外部相关合作方在绿色行动方面的一致推行。在每个阶段，中国移动都相应地匹配了一些管理行动（见图10-5）。

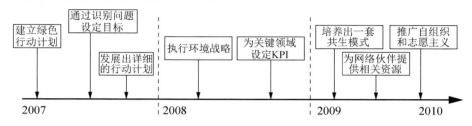

图 10-5　中国移动推行绿色行动计划的三个阶段及管理行动

　　这些管理行动全部是按照时间轴排列和梳理的，那么在整个过程中，特别是中国移动在与其他合作伙伴共同推行绿色行动计划的过程中，如何获得绿色领导力继而推动实现绿色IT的协同活动，是我们关注的核心研究问题。通过对文献和相关理论的梳理可以发现，绿色IT是指服务于环境的可持续发展的信息系统。信息技术对于一个组织的环境足迹的影响是一把双刃剑，一方面，信息技术的使用通常占据一个组织的很大一部分的能源使用，且IT产品较短的生命周期往往会产生旧系统清理相关问题；另一方面，信息技术的独特能力可用来监视和最大化在IT部门内外的能源效率。因此，绿色IT的使用会存在一个平衡问题。绿色领导力（green leadership）往往指一个商业网络中的核心企业影响其商业伙伴的行动、引导其集体资源所投入的努力。通过这两个方面的理论，我们认为中国移动推行绿色IT是使用绿色领导力影响其他商业伙伴的行动的过程，在已有文献中尚未对此有相关研究。根据领导力的贯彻过程，将整个案例划分为战略化、动员和执行三个阶段。在每个阶段中，识别影响领导力贯彻和实施的特征维度，表现在人的层面主要是行为、动机两个方面，表现在组织层面主要是内部与外部两个方面。每个阶段，根据特征维度的差异识别了不同的管理行动，各管理行动之间又有前后顺序的流程关系（见图10-6）。

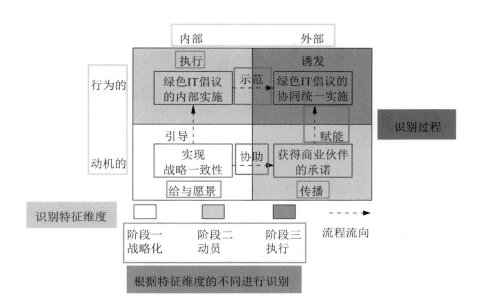

图 10-6　中国移动获取并执行绿色领导力的三个阶段及其中的管理行为和流程

在这个三阶段模型下，我们又进一步分析在每个阶段中形成绿色领导力的子流程。子流程在每个阶段中基本遵循了战略设计、战略调动和执行的过程。在这子流程中，主要着重分析每一阶段的特征，根据每一阶段的初始状态分析企业在战略设计、调动和执行这三个阶段的管理行为，以及最终达成的结果和影响（见图 10-7）。

关于流程式建模的另外一个范例是 2010 年在国际信息系统年会上报告的一篇论文，来自台湾长春石化的一个案例。

示例：

Tan，Barney; Pan，Shan L.; Chou，Tzu-Chuan; and Huang，Ju-Yu, 2010, "Enabling Agility through Routinized Improvisation in IT Deployment: The Case of Chang Chun Petrochemicals", *ICIS 2010 Proceedings*, pp. 225.

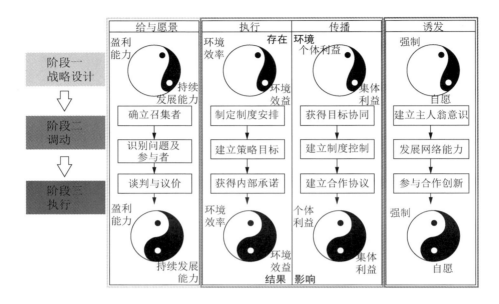

图 10-7 绿色领导力获取的四个协调子流程

背 景

　　长春石化是我国台湾地区最早的石化企业，其前身是 1949 年成立的长春塑料公司。长春塑料公司的主营业务是制造名为苯酚复合塑模（Phenoli Molding Compound）的工程塑料。多年来，通过建立跨国公司和出售技术许可，其业务呈指数级增长。长春石化为满足日益增长的全球市场需求，逐渐增加其产品种类，拓展生产设施。如今，长春石化已经成为国际化公司，拥有从工程塑料和电子化学品到塑模材料的广泛产品线。长春石化拥有 10 家子公司，其中长春石化公司、长春塑料公司和大连公司是主要的 3 家子公司。到 2007 年，长春石化已经成功与 111 个国家的超过 15000 家客户建立业务联系，为其提供 100 多种不同产品。现在，长春石化在全球有 4500 多名员工，每年收入约为 46 亿美元，已经成为台湾地区最大的私有石化公司之一。

长春石化的 IT 部门成立于 1984 年，是公司首次涉足 IT 领域。在部门成立初期，IT 部门便在公司内的 IT 系统开发项目中扮演重要角色。自 2001 年起，IT 部门推动组织实现了系统实施的三个主要阶段。在公司内部，这三个阶段被简称为"E 阶段"（E 指电子化）、"M 阶段"（M 指移动化）和"U 阶段"（U 指普及化）。仅仅依靠 20 多名员工，IT 部门凭借高效的工作，以及及时交付支持企业在资源约束下保持运营的业务关键 IT 系统的能力，在组织内部建立了部门信誉。IT 部门由公司高级执行副总裁领导，他本人实施并管理了长春石化的多项 IT 改革实践。

通过研究积累，我们认为组织即兴工作过程由 4 个主要步骤组成（见图 10-8）。具体而言，为了实施组织层面的即兴工作，企业必须：第一步，企业必须开发或者已经形成了组织即兴工作的方式。产生即兴工作的基础由两部分组成：组织开展即兴工作的能力和推动即兴工作开展的能力。

图 10-8　组织即兴工作的一般过程

第二步，必须从组织内外部环境中感知和识别驱动即兴工作需求的线索。这涉及两个方面：环境中出现了即兴工作的驱动因素，且组织有能力监测到这些因素。

第三步，实施真正的即兴工作。一般来说，实施即兴工作可以有两种不同的方式：（1）利用现成资源（bricolage），指的是结合现有资源，将其应用于新问题和新机会；（2）能力开发（资源挖掘）指的是从外部获取即兴工作所需的合适资源的能力。这两种方式被定义为一个整体的两端，但在实际中，组织即兴工作往往是这两者的结合。

第四步，获得即兴工作结果。

组织即兴工作能通过三种不同的机制强有力地实现企业敏捷性：第一，

即兴工作促进改革,第二,即兴工作提高企业反应能力和适应能力。第三,组织即兴工作的能力和积极性会随着即兴工作的逐次实施不断提高。

因此论文将研究的重点集中在以下 4 个主题:(1)开展即兴工作的方式;(2)监测和识别组织即兴工作的诱因;(3)实施即兴工作;(4)聚焦于强化即兴工作结果。由于长春石化经历了系统实施的三个主要阶段,我们就有针对性地对这三个不同阶段 IT 系统开发的不同即兴工作模式进行整合分析,总结得到了在 IT 系统开发中惯例化即兴工作的过程模型(见图 10-9)。如模型所示,IT 系统开发的即兴工作流程被分为 4 个循环的步骤。

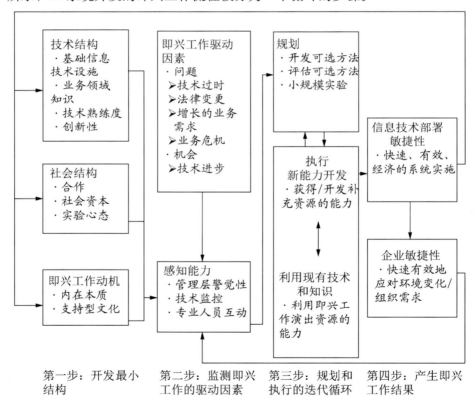

图 10-9　长春石化惯例化 IT 系统开发即兴工作的过程模型

最后再介绍一个以新加坡政府电子报税系统实施为研究现象的流程式建模范例[1]，论文 2011 年发表在 European Journal of Information Systems，这篇文章主要从资源执行（resource enactment）的视角，分析了电子报税系统实施从计划到发展、运营的三阶流程中，政策环境激发核心资源构建需要的核心能力的过程。在每个流程中，核心能力的构建又依赖于不同的共生资源执行（见图 10-10）。

阶段	计划	发展	运营
环境气候	强制性的	可交换性	有推进力的
核心能力	创新能力	适应能力	响应能力
核心资源	知识资源	社交资源	领导资源
资源的共生设定	知识资源 支持 社会资源 领导资源	社会资源 支持 领导资源 知识资源	领导资源 驱动 知识资源 社会资源

图 10-10　新加坡电子报税系统的实施流程模型：政策环境、核心资源及共生资源执行产生核心能力

三、转型式建模

转型式建模的核心在于"转型"，以探索企业转变机制为核心，通常以输入元素、转变机制、输出元素的形式呈现。转型的内容和方向可能会根据研究现象的状态不同而存在差异。这类模型描述了决策层按照外部环境的变化，对企业的体制机制、运行模式和发展战略大范围地进行动态调整和创新，将旧的发展模式转变为新模式的过程。因此，转型式建模将更为强调"转"的

---

1. Chan, C. M., Hackney, R., Pan, S. L., & Chou, T. C., "Managing e-Government system implementation: a resource enactment perspective", *European Journal of Information Systems*, 2011, 20(5), 529-541.

这个过程，强调输入和输出的差异，以及在输入和输出之间的发生机制。

这是个关于新加坡一家信息技术媒体网站的案例研究。HardwareZone 这一家新加坡知名的信息技术媒体网站主要集中发布与信息技术产品相关的新闻与动态信息。自 1999 年成立以来，HardwareZone 经过 10 年的转变已经成长为新加坡最主要的信息技术交流平台，网站每月具有 33 万固定浏览者和超过 320 万的网页浏览量。在 2006 年，HardwareZone 已经实现年营业额过 400 万美元，其中利润将近 100 万美元。在案例描述时，我们仍旧采用了时间轴的描述手法，介绍公司从 1998 年创立以来经历的三个阶段（见图 10-11），每个阶段中信息技术所起的作用都是不同的。

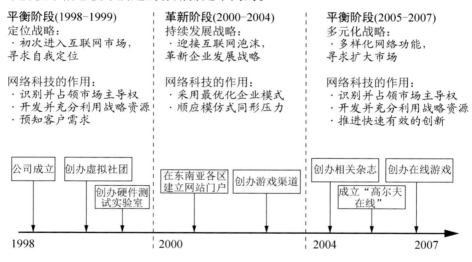

图 10-11　HardwareZone 的三个发展阶段

示例：

Tan，B.C.C，Pan，S.L and Hackney，R.，"The Strategic Implications of Web technologies: A Process Model of How Web Technologies Enhance Organizational Performance", *IEEE Transactions on Engineering Management*, (57:2) 2010，pp. 181-197.

在这三阶段中，我们可以发现明显的在每个阶段，企业都有运用网络技术达成新的一些绩效的提升，因此论文将研究问题定位在网络技术如何提升组织绩效上。通过文献搜索和理论回顾，我们采用了企业管理逻辑与企业社会逻辑两大理论，分析研究现象发展历程中的平衡阶段与革新阶段这两种环境条件下，什么样的发展逻辑会分别促使企业更好地利用网络技术带来的组织绩效提升。具体而言，企业管理逻辑包含三种企业战略管理逻辑，企业社会逻辑则包含两种具体的社会逻辑（图10-12）。在平衡阶段发挥作用的主要是企业管理逻辑，通过企业良好的自我战略管理获得竞争优势；而在革新阶段社会逻辑会作为主要动力，使企业在当时的环境条件下获得更多的社会资源优势。因此，网络技术的运用在不同的阶段，通过不同的逻辑获取了在当时环境条件下的优势，从而实现了组织绩效的提升（图10-13）。

战略逻辑	相关理论	主要概念
定位逻辑	竞争战略	组织的最佳表现通过企业相对于外部环境的独特战略定位来体现
杠杆逻辑	资源基础理论	组织的最佳表现通过选择、开发、利用、保护战略资源与能力来实现
机会逻辑	超级竞争理论	组织的最佳表现通过根据企业外部快速改变的环境而进行的不断创新和能力提升来体现
最优逻辑	组织生态学	组织发展是一个类似于自然界的优胜劣汰的过程
社会一致逻辑	最新体制理论	组织发展的过程注重社会符合度以及获得合理性

图10-12　企业管理逻辑与企业社会逻辑的细分

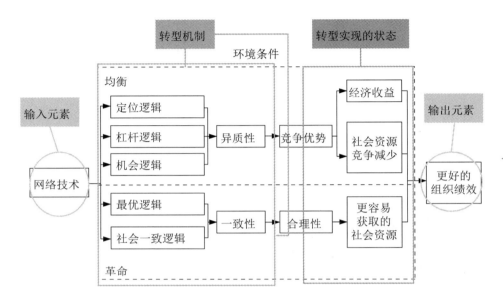

图 10-13　HardwareZone 通过运用网络技术实现组织绩效提升的模型

示例：

Tan，C. W.，& Pan，S. L.，2003,"Managing e-transformation in the public sector: An e-government study of the Inland Revenue Authority of Singapore (IRAS)", *European Journal of Information Systems*, 12(4)，269-281.

转型式建模的另一个范例是 2003 年发表在 European Journal of Information Systems 上面的关于新加坡税务电子政务系统的案例论文。基于对电子政务的转型文献的回顾，文章探讨了电子政务作为公共管理机构一种对信息技术的应用，是如何通过相应客户的要求来实现流程变革以及组织转型的。因此，文章的研究问题本身就是关于转型的，转型的输入要素是传统的科层制官僚组织，通过不断的系统改造实现了与客户之间更好的沟通，逐渐转型成为具有前瞻性与响应性的组织（见图 10-14）。

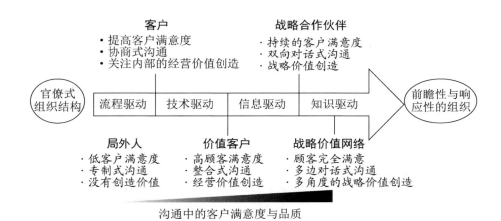

图 10-14　官僚组织结构通过电子政务系统升级实现转型的过程

四、路径依赖式建模

路径依赖式建模旨在解释依赖于过去的知识轨迹、决策或条件发展而来的特定结果。该建模方法重点在于分析并且概念化得出特定结果之前的潜在逻辑路径。路径依赖式建模虽然也是基于对过去、历史发展而来的过程性进行分析，但这种建模方式特别强调刻画在企业（或其他研究现象）的历史发展中导致出现现有结果的决定性因素或事件及其发展顺序。

这里我们采用拥有十多年历史的阿里巴巴集团的案例为范例解释路径依赖式建模的运用，这篇案例于 2004 年发表于 Journal of the AIS。

示例：

Tan BCC.，Pan，S. L.，Lu X. H.，and Huang L. H., 2014,"The Role of IT Capabilities in the Development of Multi-Sided Digital Platforms: Insights from the Plaform Development Strategy of Alibaba.com", *Journal of AIS*, Volume 16，Issue 4，pp. 248-280.

同样的，我们先是梳理了阿里巴巴自 1999 年开始到 2009 年的发展过程，如图 10-15 所示。通过探讨阿里巴巴在三个不同阶段开发和利用数字化商业生态系统的三种不同模式,我们试图回答两个研究问题:其一,阿里巴巴的 IT 能力是如何影响其多边平台形成和发展的;其二,阿里巴巴的 IT 能力是如何随着多边平台的发展而不断演变的。这两个问题互为因果,IT 能力影响多边平台,多边平台的演变又推进 IT 能力的演变。根据文献回顾和理论的定义,多边平台(Multi-Sided Platforms,MSPs)定义为服务于多种不同类型的实体群组,如一个商业网络中的供应商、生产商、中介机构、顾客、其他互补方等。通常一个多边平台必须由一个主办方来管理,该主办方负责提供支持不同实体群组之间的互动及三方间交换所必须的基础设施和服务。IT 能力则定义为一个组织调动和部署基于 IT 的资源,通过将这些资源与其他资源及能力相组合或同时出现,以提升组织整体效率与效用或者适应业务需求灵活度的能力。

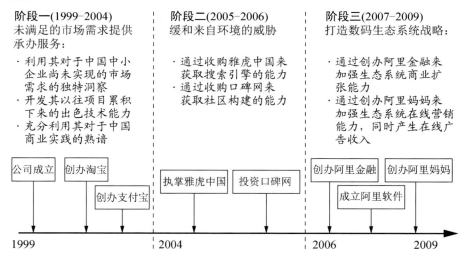

图 10-15　阿里巴巴 1999—2009 年的三个发展阶段

通过对阿里巴巴的案例分析,我们可以得到一个过程模型(见图 10-16)。这个模型描述了怎样开发和利用数字化商业生态系统以达到企业敏捷性。显然，这三个阶段中每一个阶段都是在前一个阶段的基础上发展而来的，没有前一个阶段的因就无法产生后一个阶段的果。因此在该模型中我们提出，为了企业敏捷性而开发和利用数字化商业生态系统是一个进化的过程，这三个阶段之间具有路径依赖的特性。通过在阶段二中详细地描述不同类型要素（IT能力和平台战略）的发展关系，可以梳理得到IT能力是如何影响多边平台形成与发展的，对第三阶段中多边平台发展战略结果的演变可以获得初期、形成和成熟阶段中不同的IT能力与平台战略结合后推进的多边平台发展的不同战略结果。

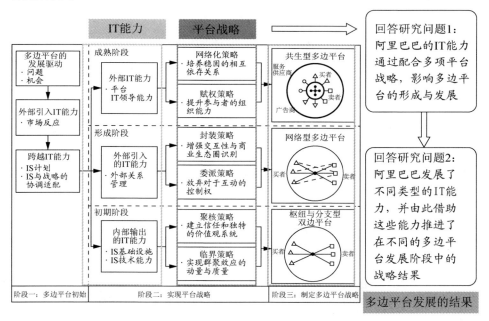

图 10-16　阿里巴巴 IT 能力与多边平台的路径依赖式建模

背　景

BTC是一个英国著名的零售品牌，主营业务为零售、制造保健及个人护理产品。每周有1250万人光顾英国的1400处BTC门店，它们遍布

> 英国的每个城市、购物中心和主要交通要汇，BTC 几乎已成为整个国家最易购买的品牌。BTC 雇佣的药剂师达 4000 名，常被评为英国最值得信赖的品牌之一，其业务组合还在牙科、验光、趾甲、医疗、瘦身和美容服务等方面继续增长。

路径依赖式建模的另一个范例是英国 BTC 连锁零售不同部门在构建呼叫中心能力的案例。

示例：

Pan, S. L., Tan, B. C., Huang, J., & Poulsen, B. , "The development paths of non-strategic capabilities", *European Management Journal*, 2007, 25(5), 344-358.

基于资源理论视角，文章主要探讨了企业部门根据构建核心业务所需的战略资源的判断，确定发展能力路径的过程。呼叫中心一直被视为非核心战略能力，因为外部呼叫中心服务提供商的广泛普及使得其通用并容易模仿。然而，呼叫中心也是企业必须发展的一项非核心战略能力，文章采用了 BTC 呼叫中心能力的三个案例：客户服务、靴子的优势卡、母亲和婴儿指导（见表 10-1）。

表 10-1 BTC 三个案例研究的比较

	客户服务	优势卡	母亲和婴儿指导
呼叫中心发展的原因	支持客户服务中心的运营	处理预期的呼叫量	整合分散的邮购业务，竞争者拥有该项能力
呼叫中心发展的主要决策	由于外包成本太高，决定雇佣内部员工，且能控制品牌渗透风险	因呼叫中心价值不高，外包给 AT&T	呼叫中心将速度开发业务外包给 Salestrac，以排除政治问题
决策的结果	呼叫中心制度化，在组织范围内获得支持和认可	由于客户的热烈响应导致成本上升，在邮品订购行业引发业务关注	呼叫中心仍外包给 Salestra，因其表现令人满意，然而仍有必要实行严格管理

第十章　动　态　模　型　　127

基于资源基础理论，论文发现非战略能力（呼叫中心能力）在同一个组织内三种不同情境下有不同的发展，并且分析了在这三个案例中呼叫中心能力发展的必要性。同时，通过对这些路径发展过程的梳理，我们识别了非战略性资源如何支持核心业务能力、战略性资源或能力以及其他能力的三种开发过程（见图10-17）。通过整合这三种非战略性资源开发过程，最终得到了非战略性资源的开发路径模型（见图10-18）。

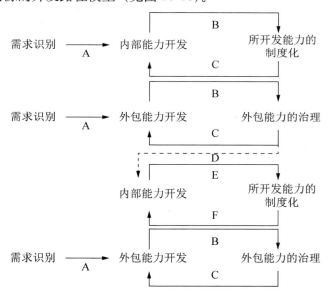

图 10-17　非战略性资源开发支持三种能力的路径

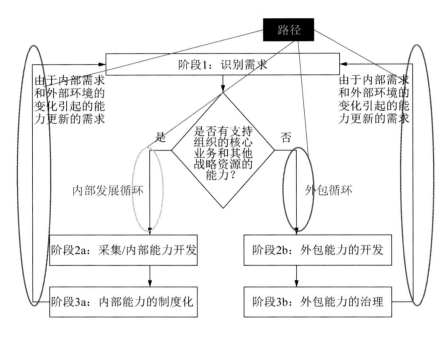

图 10-18 非战略性资源开发的路径模型

第十一章
静态模型

与动态模型不同，静态模型本身描述企业或研究现象各组成部分之间，及其与外界的静态平衡关系。这类模型反映企业和研究现象在某一时间点的特质，其基本特点是不考虑时间变化因素。静态模型只能反映企业或研究现象在某一时刻的平衡状态，而不能反映其变化过程。与动态建模依照时间轴进行展开的建模技巧不同，静态建模一般可以采用分析研究对象的特征维度，或者寻找研究对象在各个特征维度上的差异，描述并解析这些差异的细节等方法来达成静态模型的构建。SPS 案例研究方法开发的静态模型包括分类式建模、布局式建模、对比式建模与多级式建模四种类型。

一、分类式建模

分类式建模体现了同一研究对象的不同特质或状态，或者多个研究对象之间在特质上所表现出的差异。通常情况下，在采用分类式建模时，研究者要找出研究对象所具备的特征维度，然后分析研究对象在各个特征维度上的差异，从而进行归纳和区分。因为涉及归纳与分类，这种建模方式常用于多案例研究方法，或在单个案例中研究对象表现出多种不同状态时使用。

示例：

Lim, E. T., Tan, C.-W., Cyr, D., Pan, S. L., and Xiao, B., "Advancing public trust relationships in electronic government: The Singapore e-filing journey", *Information Systems Research*, 2012, 23(4) pp. 1110-1130.

20 世纪 80 年代，新加坡政府开始遇到不断上升的未退税金所带来的问题。新加坡收入所得税部门（SITD）无法及时处理堆积如山的退税手续，导致纳税公民的不安。1992 年，新加坡税务局（IRAS）成立，旨在清空官僚式管理中积压的工作，并修复其前任税务管理部门所留下的受损的政府形象。IRAS 基于集成的信息系统重新设计了税务管理流程，降低了人员周转的需要，提升了公众的信心。1998 年投入使用了电子报税系统，自此纳税人可完全通过互联网提交退税申请。至 2003 年，IRAS 的电子报税服务已在纳税公民中赢得极高的满意度，税务部门在全新加坡的商业及政府机构中认可度排名第三。

这个研究现象中很明显的就是电子政务系统实施与公众信任之间的关系：电子政务系统的发展会影响使用系统的社会公众与政府之间的信任关系，那么这种影响是如何产生的，就是我们需要探索的问题，对这个问题的探索结果将会给政府带来发展电子政务过程中在机构发展和技术规范形成方面的管理启示。因为要探索电子政务与公众信任之间的关系，我们特别引出了电子政务中的信任这一概念，它指的是对于某一电子政务系统具有有利于信任方的正面特性的认知，这种信任的建立往往需要通过五种不同模式实现：计算式、预测式、意图式、能力式和转化式。已有文献对五种不同的信任建立模式所得启示进行了总结，我们通过对电子报税系统在不同实施阶段中公众对电子政务信任的变化进行梳理，得到了每一种信任建立模式下在电子政务设计开发和系统技术规范两个特征维度获得信任的启示（见图11-1）。

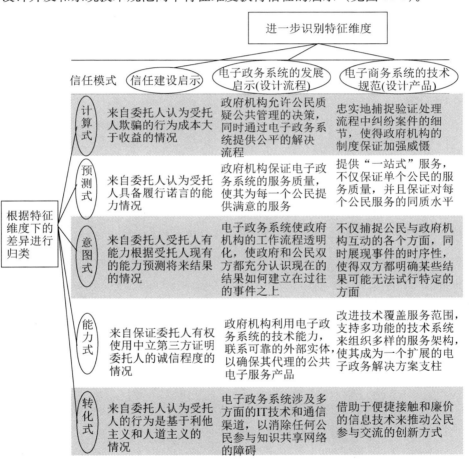

图 11-1 电子政务信任模式的分类建模

基本上这个案例就是一个失败转成功的案例，那么我们汲取的是它的整个经验，刚开始系统出的问题，导致老百姓不相信这个系统，后来做了一系列的工作，才把信任重新争取回来。在文献里面，我们注意到电子政务要建立信任，在一个过程里有五种信任，这种信任是计算式的，这是文献里面预测、意图、能力转化的信任，这是五种不同的信任。所以这个文章按照这样的逻辑，有五个新的模式，那么我们要看的就是整个电子政务系统的发展的启示和技术规范，一个是针对政府的电子政务发展的启示，一个是针对系统技术规范的启示。所以通过这五个信任的发展，五个模式的建立，可以获得哪些电子政务相关流程上的一种启示，可能在涉及电子这个技术规范这一块获的启示。

示例：

Pan, S L., Pan, G and Leidner, D., "Crisis Response Information Networks", *Journal of AIS*, 2011, 13(1): 31-56.

分类式建模的另一个范例就是采用特征逻辑的危机响应案例。该案例在探讨信息强度和网络密度时针对四种危机响应情境中的网络结构进行了分类，信息星星、信息金字塔、信息森林以及信息封锁四种网络结构，分别在信息强度、网络密度、信息流向和中心响应组织的角色四个特征维度进行了差异化的归纳与分类。

背 景

2002 年年初，世界卫生组织（世卫组织）发布了一系列的突变病毒感染的警告，这些病毒可以迅速蔓延到世界各地。这种突变的冠状病毒，导致非典型肺炎被称为严重急性呼吸综合症（非典）。非典在 2003 年年初出现在东亚，不久就在全球蔓延。新加坡是第一个果断地应对这种公共卫生威胁的亚洲国家。

2004 年 12 月 26 日印度洋发生地震，地震引发的海啸影响到周边 13 个国家，死亡 28 万人，数以百万计的人无家可归。斯里兰卡是受到海啸灾害影响最为严重的国家之一，超过 3.5 万人死亡，44.3 万人无家可归。

2005 年 8 月，卡特里娜飓风袭击美国南海岸，导致 1800 人死亡，经济损失超过 810 亿美元。虽然卡特里娜飓风危害等级很高，但联邦应急管理机构等一系列政府机构在预防和救援方面没有做好相应的管理措施，导致损失巨大。

2008 年 5 月台风拿加斯袭击缅甸，导致约 10 万人死亡。在救灾过程中，许多国际机构动员为幸存者提供援助，然而缅甸政府由于政治原因阻碍了灾情信息的传播。

表 11-1　四种危机响应网络结构

	信息强度（数量）	网络密度（到达性）	信息流方向	中央责任机构角色
信息星星	高	高	上下双向	信息中心
信息金字塔	高	低	从上至下	信息把关人
信息森林	低	低	单打独斗	缺乏中心组织
信息封锁	低	高	从上至下	信息过滤器

再有，2014 年发表的关于大麦网的一篇案例也采用了分类式建模的方法，探讨了大麦网针对 B 端客户与 C 端客户两种战略同时开工的信息系统战略，对四种战略特征（见表 11-2）进行了分类。针对这四种战略特征我们列举了在大麦网的案例中所寻找到的证据，并与现有的信息系统领域的文献进行了差异化的对比。

示例：

Huang，J.，Newell，S.，Huang，J.S.，and Pan，S. L, "Site-shifting as the source of ambidexterity: Empirical insights from the field of ticketing," *Journal of Strategic Information Systems*, 2014, (23:1), pp. 29-44.

表 11-2

主要特点
积累而不是发展开发与探索战略
关系导向与应急处理,而不是穿插处理
以期望为中心具体处理,而不是被动地感知背景
机会生成导向,而不是与现有的业务策略保持一致

二、布局式建模

布局式建模体现了企业或研究现象中各种元素的归纳和组合,着重于探索元素本身特征,而不是元素之间的交互过程。此类模型通常用于探索研究对象的多个层面。选取相同的特征维度来对不同的层面进行分析。例如,从战略层面、管理层面和操作层面来分析企业成功的因素,并根据资源、能力、文化等特征维度来进行归纳。

这里我们再一次用一个危机响应的案例对布局式建模进行说明。

示例:

Leidner, D., Pan, G., Pan, S L, "The Role of IT in Crisis Response: Lessons from SARS and Asian Tsunami Disasters," *Journal of Strategic Information Systems*, 2009, (18:2), 9, pp. 80-99.

案例所研究的现象是新加坡对非典和对东南亚海啸的危机响应。

2003 年 3 月,非典在新加坡爆发。在发现首例病例之后的两天内,新加坡卫生部设立了由 9 人组成的高层跨部门非典专门工作组。在新加坡卫生部的要求下,人民协会,一个管理超过 2000 草根组织的法定委员会,组成了 84 个专门工作组以协助危机响应。

2004 年 12 月 26 日，印度洋地震引发海啸。海啸摧毁了 13 个国家的海岸线，造成了超过 280 000 人死亡和数百万人无家可归。超过 160 个援救组织及联合国下属机构在这些受灾地区开始了行动。联合国提出了在新加坡设立协调中心，以沟通联络受灾地区所有救援工作的计划。

在这两个案例中，我们都看到了信息系统资源的使用以及配合其他管理资源共同实现了在危机响应期间对资源的协调。所以通过这两个案例，我们主要希望探索的研究问题包括：在类似危机响应的现象或情境下，有哪些信息系统资源是有价值的，这些有价值的信息系统资源与其他能够进行危机响应的资源如何配置，并且这些资源如何实现跨机构、跨组织协调。

之所以用布局式建模来做，是因为主要探讨的是信息系统的资源如何配置，就是 IT 如何来协同这些资源、如何布局。在危机发生的时候，如何通过 IT 来实现快速调配资源。建模时的思维就是：如果我们是应急中心的主任，要通过怎样使用 IT 技术才能够实现有效地救灾？当然，这里所说的如何做并不是具体做哪些事情，而是指的抽象的布局。这里，我们使用了资源基础理论（resource based view），该理论将组织视为资源和能力的特定结合体，通过这些资源与能力，组织获得比较优势；以及动态能力理论（dynamic capability），它更加强调在变化的环境中发展新资源和新能力以应对新的变化环境。因此，资源和能力如何通过一种动态调试的过程，获得新的能力以应对变化的环境，就可以通过两个案例数据的建模得到答案。从这两个理论的角度出发，组织有资源也有能力，那么所谓的配置就是协调，就是用 IT 来协调资源，快速响应、快速反应。因此，IT 在中间，现有的资源在左边，现有的能力在右边，通过现有的 IT 的这种配置、调节，不断地告知问题，获得参与者的资源，敏捷的动员。不断地循环就可以把现有的资源再强化，而另一边会强化能力，因此资源越来越多，越来越好，能力也就越来越强。依靠 IT 架构通过这 3 个过程不断地循环增强。通过对现有资源与现有能力的投入使用，在经历危机响应资源部署的关键过程后，能力与资源获得强化，不断适应新的变化（见图 11-2）。

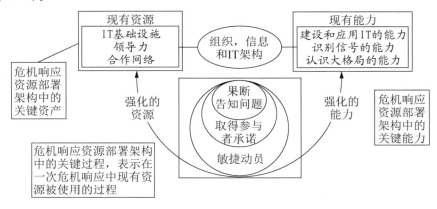

图 11-2　资源与能力在危机响应中动态发展的布局式建模

示例：

Jing (Elaine) Chen, Shan L. Pan，and Tao Hua Ouyang, "Routine Reconfiguration in Traditional Companies' E-Commerce Strategy Implementation: a Trajectory Perspective", *Information and Management*, Vol 51, Issue 2, pp. 270-282.

另一个海尔的案例探讨了组织的惯例重塑在激发组织灵活性和创新、战略意图定位和运营惰性解构三个层面的作用过程（见图 10-3）。因为组织中导入了 IT，IT 改变了组织里面的一些惯例。比如说我们实施一个信息系统，那么组织中以前既有的惯例都会改变。在这个过程中，从常规的角度看到底发生了哪些改变？这从 IT 的角度来看，IT 到底在组织常规改变中扮演了哪三种角色，那就是轨迹投射、轨迹策划、轨迹行动这些都是文献里面有提及的。

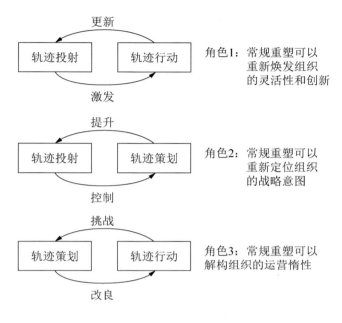

图 11-3 惯例重塑在三个层面的作用

三、对比式建模

对比式建模把不同的企业或者研究现象加以比较,以达到认识其特征或运作机制的目的。这种方法通常是把两个相似或相互联系的研究对象进行比较,根据不同的特征维度来呈现或说明运作机制、能力路径、采用战略等的差异。对于解决相似的问题或实现相同的企业目的,不同的企业会根据其特有的组织环境、资源、能力等来制定不同的实现手段与策略。对比模型旨在运用比较的方法分析多个案例中企业运作的异同点。因此,在使用对比式建模时,多数都是将两个案例进行对比,在不同的特征维度上寻找差异,以对比的方式来说明模式的差异。

示例:

Du. D W Y, Pan, SL, "Boundary Spanning by Design: Aligning boundary-spanning capability with boundary-spanning strategy", *IEEE Transactions on Engineering Management*, 2013, 60(1): 59-76.

这里我们仍引用非常经典的东软与 SAP 在发展外包跨界能力方面的案例作为对比式建模的范例。1991 年,东软创建于东北大学。经过二十多年的发展,公司已经成为一家以软件技术为核心,以软件与服务、医疗系统、IT 教育与培训为主要业务领域,集软件研究、设计、开发、制造、销售、培训与服务为一体化的解决方案提供商。目前,公司拥有员工 20000 余名,在中国建立了 6 个软件研发基地,8 个区域总部,在 40 多个城市建立营销与服务网络,在大连、南海、成都和沈阳分别建立 3 所东软信息学院和 1 所生物医学与信息工程学院;在美国、日本、欧洲、中东均设有子公司。SAP 公司成立于 1972 年,总部位于德国沃尔多夫市,是全球最大的企业管理和协同化解决方案供应商。目前,在全球有 120 多个国家的超过 172 000 家用户正在运行 SAP 软件。1995 年在北京正式成立 SAP 中国公司,并陆续建立了上海、广州、大连分公司。作为中国 ERP 市场的绝对领导者,SAP 的市场份额和年度业绩近年来高速增长。SAP 在中国拥有包括 IBM、埃森哲、凯捷、HP、毕博、德勤、石化盈科、中电普华、东软、神州数码等多家合作伙伴。

我们首先回顾了这两家 IT 服务企业在过去几年中发展的时间轴(见图 11-4、图 11-5)。通过这两个案例的对比,我们期待寻找在 IT 外包情境中,客户和提供商之间存在的矛盾和挑战主要有哪些,以及面对这些矛盾与挑战,IT 外包提供商如何获得跨界的能力,并制定相应的跨界战略。在分析过程中,我们使用了跨界管理者(boundary spanner)、跨界战略(boundary spanning strategy)和跨界能力(boundary spanning capacity)三个与跨界相关的概念。这三个概念分别对应到 IT 外包的情境中与客户沟通的工程师、构建客户服务的人才战略、提供客户服务涉及组织跨界时所依赖的跨界管理者个人的技能。

第十一章　静　态　模　型

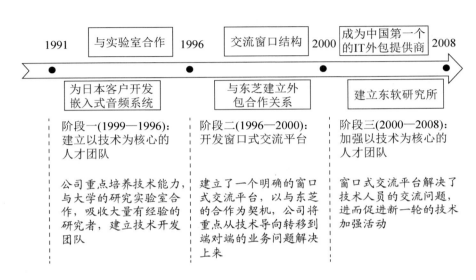

图 11-4　东软发展 IT 外包客服的过程

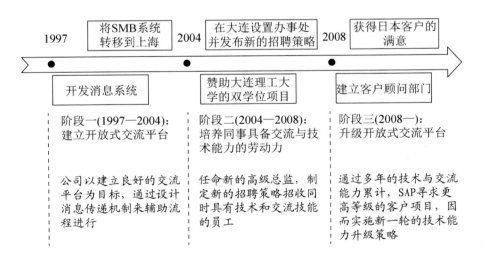

图 11-5　SAP 发展 IT 外包客服的过程

文章对比了东软与 SAP 两个企业在构建客服中心时所具备的跨界能力和采取的跨界策略差异，由这两个差异又引申出反差的两种不同能力与策略相互作用的机制。在运用对比式建模方法的过程中，我们针对跨界这个研究问题，分别对比了跨界能力、跨界战略和跨界机制三个特征维度，如图 11-6 所示。

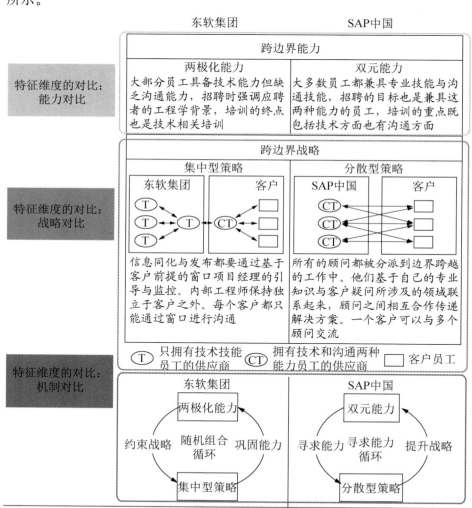

图 11-6　东软和 SAP 在跨界的三个特征维度上的对比式建模

第十一章 静态模型

示例：

Chan，C. M.，and Pan，S. L. "User engagement in e-government systems implementation: A comparative case study of two Singaporean e-government initiatives", *The Journal of Strategic Information Systems*, (17:2), pp. 124-139.

背　景

对于 SINGA-α，其角色是为想在新加坡学习的外国留学生提供服务，因为学生需要注册 SINGA 并得到必要的法律许才可以留在新加坡。在 SINGA-α 之前，外国留学生通常需要多次前往新加坡提交申请及许多其他的支持性文件。在每年的高峰期，这些申请的处理可能需要五个星期的时间。通过 SINGA-α 的实施，可以观测外国留学生的反应情况。而从 SINGA 的角度，希望通过 SINGA-α 项目削减人力，减少申请者往返 SINGA 的次数，并减少许可证的处理时间。SINGA 决定专注于学校，而不是直接聘用外国留学生参与 SINGA-α 的实施。通过把 SINGA-α 的角色调整为学校服务，最终实现了 SINGA、学校和学生三方的共赢。

对于 SINGA-β，其角色是为需要从 SINGA 申请一定官方证明文件的新加坡市民提供服务。过去，申请者需要到 SINGA 进行申请，然后一个星期后得再次过来收集身份证明文件。通过 SINGA-β 的实施，可以观测到市民的反应情况。该系统得到了 SINGA 的广泛宣传，就系统的一些技术问题与摄影工作室开展了合作。SINGA 的实施在 SINGA 看来是成功的，但使用率不太理想。

这一篇关于两个新加坡电子政务案例的论文也采用了对比式建模的方法，从利益相关者理论的理论视角，结合电子政务系统实施和用户参与的文献，基于用户参与过程中产生的类似想法，分析了两组电子政务系统实施的定性数据。将类似想法分为参与的时机/持续时间/次数、诱导参与、征求参与和测试/培训参与四个概念标签。最终得出了在电子政务系统实施中主要中介的参与、极力主张在电子政务系统实施中利益的战略趋同、在电子政务系统实施中结合强制和信服、在电子政务系统实施中用户的持续参与四个结果（见图 11-7）。

研究结论	SINGA-α	SINGA-β
电子政务系统实施中的显著参与	积极参与教育机构而不是外国留学生事务	试图参与摄影工作室，同时试图向公民用户进行系统宣传
电子政务系统实施的高度战略配合	试图说服教育机构获得自由身所有权通过强调系统的优势以及使用特许权	收回对反应冷淡的摄影工作室的兴趣
电子商务系统实施中的凝聚、强制和信服	通过责任手段将系统移植加入教育机构	通过说服手段将系统移植加入摄影工作室
电子政务系统实施中的用户持续参与	实施后定期进行后期反馈以征求意见	采纳公共意见进行系统微调，以此提高用户接受率

图 11-7　两个电子政务项目在电子政务实施的四个不同特征维度的对比式建模

示例：

Carmen Leong, ShanL. Pan, 2016,"Sue Newell and Lili Cui，The Emergence of Self-Organizing E-Commerce Ecosystems in Remote Villages of China: A Tale of Digital Empowerment For Rural Development", *MIS Quarterly*, Vol.40, No.2 pp. 475-484.

在最新的针对社会创新的研究中，浙西南农村电子商务发展的案例和马来西亚危机管理案例中，我们也采用了对比式建模的方法进行分析。

> **背　景**
>
> 在中国一些农村地区，基于淘宝平台进行网络销售而出现的以村落形式集聚的"淘宝村"，破除了农村地区是通信技术被动接受者的这一说法。淘宝网促进农民参与电子商务，很多人已经通过从事电子商务取得了成功，其中的几位代表甚至被邀请参与 2014 年 9 月阿里巴巴在纳斯达克上市的开盘敲钟仪式。阿里研究院对淘宝村的定义是：活跃网店数量达到当地家庭户数 10%以上、电子商务年交易额达到 1000 万元（折合约 160 万美元）以上的村庄。截至 2015 年年底，认定的淘宝村共计 780 个。2013 年我们走访调研了位于浙西南丽水市的缙云县和遂昌县两地。

在淘宝村的案例中，我们从两地的情况介绍就开始对比（表 11-3）。

表 11-3　遂昌县与缙云县的基本条件对比

地区	遂昌	缙云
基础经济条件 （2009 年）	• 浙江省 26 个贫困县之一 • 50 000 人中 70%以上是农民且学历低于高中 • 18 564 位农村居民年人均纯收入低于 2 500 元（折合 400 美元）	• 全省贫困人口最多的县 • 超过 92%的人从事农业 • 一半居民年人均纯收入低于 2 500 元（折合 400 美元）
在淘宝上所售产品及增加的收入	• 村民在线销售农产品，如竹笋、茶叶、薯类以及野菜 • 2013 年遂昌县超过 1500 家网店，年销售额达 1.1 亿元（折合 1 770 美元）	• 村民在线销售户外装备，如帐篷、背包、睡袋、烧烤炉等 • 2013 年缙云县约有 1300 家网店，年销售额达 4.6 亿元（折合 7 240 美元）

而后，我们从电子商务生态的参与者的角度分别在这两地的农村电子商务生态中进行了对比式的对应（见表 11-4），又从电子商务生态发展的三个阶段（产生、扩展和自我振兴过程），分别对比了这两个地区在不同阶段的主要参与者、人与技术之间的互动情况（见表 11-5）。

表 11-4　农村电子商务生态的主要参与者

参与者	在案例中表现的角色和具体实例
草根领袖	村民或是草根组织，他们发起、引领或塑造电子商务生态的发展他们是关键参与者，会为后来的电商零售商提供初步支持，例如培训、提供产品供给等
	诸如：遂昌县网店协会，缙云县吕振鸿先生
电商零售商	通过电子商务销售产品的村民
	诸如： 遂昌县：毛先生，黄先生，刘女士，左先生，易女士 缙云县：吕先生，瑞先生，杨先生，游先生，魏先生，杰先生
电子商务供应链合作者	参与通过电子商务销售产品的生产、供应、分销的村民
	诸如： 遂昌县：吴先生，农村合作社社长，周女士，养猪农户 缙云县：吕先生，生产商和分销商，傅先生，分销商
第三方电子商务服务提供者	提供服务支持电商运营的村民，有了电商服务使从事电子商务交易变得更加简单。服务内容包括运输和快递、包装、营销、网站和图片设计、摄影和客户服务等
	诸如： 遂昌县：应先生，快递公司老板；王先生，快递公司员工 缙云县：凌小姐，美工
制度支撑者	在提供基础设施方面有着重要作用的制度利益相关者，例如公路运输和电信服务，提供信用背书等
	诸如： 遂昌县：共青团丽水市委，遂昌县人民政府 缙云县：共青团缙云县委，中国移动

表 11-5　数字化赋能农村电子商务生态发展

数字化赋权	ICT 如何提升关键人物的作用	在农村电子商务生态中 ICT 对关键人物和村民行为的管理意涵
农村电子商务生态发展阶段：产生		
ICT 重置相互依存关系 关键人物： 草根领袖	ICT 通过使村民替代供应链中间层达到去中介的效果	ICT 的使用产生了新配适景观（new fitness landscape）： ·参与者通过交易关系和向村民提供支持来开启变革，引领生态的发展 ·草根领袖的率先参与、示范和帮助，使村里的村民了解电子商务并产生兴趣
ICT 让参与者可观其效 关键人物： 电商零售商	ICT[1]使村民通过注意到村里有人在家工作而了解到电子商务	ICT 让知识快速传播 ·参与者可以通过观察村里的电商先入门者和佼佼者的行动来了解电子商务 ·整个村在看到电商零售商工作和电商运作后，对于电子商务的潜力有了更多的了解和信心
ICT 使平台自我繁衍 关键人物： 电商供应链合作伙伴	ICT 通过动态灵活的操作平台变革运作方式	ICT 的使用引发了角色转变 ·参与者可以依托于他们现有的技能和电子商务生态的需要，专注于供应链的某个环节 ·随着网上销售产品越来越便利，整个村的村民更易于参与到电子商务中
ICT 促成广泛的参与 关键人物： 第三方电子商务服务提供商	ICT 使具有不同能力的人参与其中，实现工种的多样化	ICT 的使用引发角色的多样化 ·参与者根据自己的能力和生态系统的需求，可以选择提供服务而不一定是销售产品 ·在有了运营和管理的服务以后，整个村的村民能够更为方便地参与到电子商务中

---

1. ICT 是信息（Information）、通信（Communication）和技术（Techonology）的简称——编者注

续表

农村电子商务生态发展阶段：自我振兴		
ICT 重新定位角色 关键人物： 制度支撑者	在驱动农村发展的过程中，ICT 能够让机构参与者重新定义他们的角色，从而塑造一个有利的商业环境	ICT 的使用造就了一个有利的环境 ·参与者可以转变在电子商务环境下失效的惯例角色（例如，政府的指导作用、企业利益最大化） ·在各种机构的支持下，村民在自身发展过程中有更大的自主权
ICT 让产品具备替代性 主要参与者： 电子商务零售商	ICT 可以让人们摆脱对已有资源基础的依赖，而根据市场需要发展电子商务	ICT 的使用使得提供的产品具有适应性 ·参与者可以复制相同的商业模式而销售不同的产品 ·随着越来越多的电商零售商销售不同的产品，整个村的村民可以有更多的选择

通过这样的对比，我们很清晰地看到农村电子商务生态的构成情况，同时发现电子商务能够赋予处于社会边缘的农村地区更多的主动性，形成可以自我进化的农村电子商务生态。

示例：

Chan，C. M.，Pan，S.L.，et al.，2014，"Social Media Enabled Resource Mobilization: Risk Management Cases from a Developing Country"，Working Paper.

另一个案例是马来西亚境内兴建稀土提炼工厂所带来的环境污染和关丹水灾中民众通过社交媒体抗争或是救灾的案例。我们首先梳理了这两个危机案例所属的危机类型、危机性质相应的危机管理重点，同时发现这两个危机管理案例都是通过社交媒体来实现自主主导危机响应的资源调集，然后通过对比在危机发生的过程中和过程后，社交媒体在关注、联合和行动三个惯例维度中推动资源调动惯例的差异，最终得到两种在危机管理中不同的资源调集协调模式（见图 11-8）。

	关丹雨季洪灾	稀土提炼厂
危机类型	灾难	风险
危机性质	急性	慢性
危机管理重点	响应力	持续力
社交媒体推动资源调集常规 — 关注常规	在事件参与者相互之间形成了广泛并且有针对性的关注常规	制定有针对性的关注常规，来推动广泛的关注常规
社交媒体推动资源调集常规 — 联合常规	在事件参与者中形成以信任和情感为基础的联合常规	
社交媒体推动资源调集常规 — 行动常规	虚拟行为常规与真实行为常规同时制定，相互依存	制定虚拟行为常规，来推动真实行为常规
结论1	危机管理中社区主导资源调集	
结论2	危机管理中松散协调的资源调集	
结论3	——	危机管理中紧密协调的资源调集

图 11-8　社交媒体赋能马来西亚危机管理资源的调动模式对比

四、多级式建模

多级式建模或层级式建模，反映了一个或多个在不同级别的研究对象的各异的互动或状态。当来自受访者的数据可以整理归纳到多个级别或层级（如战略层、运营层）时，可以采用这种建模方法构建模型。通过针对不同层级的多个模型来研究同一个现象，可以对研究现象取得更全面的了解。所以多级式建模更为强调从不同侧面或不同层级验证同一套过程或者机制。

示例：

Ravishankar，M.，Pan，S. L.，and Leidner，D. E, "Examining the strategic alignment and implementation success of a KMS: A subculture-based multilevel analysis", *Information Systems Research*, 2011, (22:1), pp. 39-59.

SPS 案例研究方法：
流程、建模与范例
Structured-Pragmatic-Situational(SPS) Approach to Conducting Case Studies

> **背 景**
>
> ITS 是一家印度的全球性 IT 服务与咨询公司，在 10 个国家拥有雇员逾 50 000 人。自其知识管理系统（KMS）实施以来，ITS 经历了重大发展。KMS 起初是为公司部门开发的，后来被提供给组织内的技术社区，目前有逾 25 000 名成员，涵盖隶属 VU、HU 和 OSDC 部门的软件开发人员、项目领导、项目经理。

战略匹配一直是信息系统研究和实践者的重要议题，对于很多组织而言，战略匹配仍然是一个潜在的问题。我们认为，理解特定的信息系统实施匹配过程和匹配是如何随着系统扩展而变化是很重要的。因此，在这篇示例论文中，我们选择了一个非常特别的视角，那就是组织亚文化对组织中特定的信息系统匹配的影响，理解如何以及为什么亚文化在公司和业务单元的水平下影响匹配知识管理系统与组织战略的匹配。在 ITS 中，知识管理系统在不同层级的认知方面需要达成两个目标：其一，知识管理系统帮助成员更高效地解决与日常工作相关的各种问题；其二，高层管理者意识到，从战略角度来看有必要将一些高度中心化的业务部门的知识纳入知识管理系统。知识管理系统是信息管理系统研究中较为常见的研究对象，为了突出特色，我们选取了组织亚文化作为理论视角，意图探究组织亚文化对于信息系统适配性的影响，了解亚文化对于公司与业务部门两个层面影响知识管理系统适配性的原因和机制。

信息系统适配性（alignment）的概念主要指组织信息系统战略与组织业务目标的匹配协调。同时在分析过程中，我们使用了战略适配性模型（strategic alignment model），总结了在商业战略、基础设施与流程、信息技术战略以及信息系统基础设施和流程四个领域探讨战略适配性选择。通过在组织、部门与个人三个层面梳理影响适配性的因素，总结了三种亚文化适配与信息系统实施之间的关系模型（见图 11-9）。印度这一家大的软件企业想要发展自己的知识管理系统，但是要开发这个知识管理系统时发现了一个问题，即印度的软件公司帮助美国企业做软件，受合同的限制，员工不能将为其他企业做外包软件的经验和知识纳入本公司的知识管理系统中。那么这个现象如何提炼？企业面临的这个问题从管理上应该如何处理？或者从管理上它有什么意义？这时，我们就采用了组织亚文化的概念，就是非主流的组织文化。那么亚文化在遇到这种所谓的适配性的时候，就是遇到类似知识管理系统这种信息系统的时候会发生什么？所以论文就是解释亚文化的存在，我们就把在这个企业中遇到的这种现象概念化成为亚文化。三种不同的亚文化，在三个不同的层面（组织、部门、个人）上，是如何去实现这种所谓的适配性？是如何与企业知识管理做配适？论文的主要贡献就体现在知识管理系统的研究领域提出了亚文化的存在，而之前该领域的研究中从未考虑亚文化的因素。

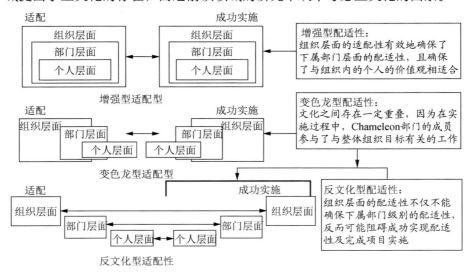

图 11-9　三个层面适配性与实施之间的相互关系亚文化模型

示例：

Pan，S.，Pan，G.，and Hsieh，M. H., 2006, "A dual‐level analysis of the capability development process: A case study of TT&T", *Journal of the American Society for Information Science and Technology*, (57:13), pp. 1814-1829.

另一个范例来自 2006 年发表的一篇我国台湾地区 TT&T 电讯公司案例，通过能力发展的分析框架探讨了 TT&T 公司从内部自营到发展外包建设呼叫中心的战略变化过程。从表面上看，这篇文章更像是阶段式的建模，划分了很多个阶段，但是我们需要强调的是同样的案例，我们从项目和组织这两个层面进行分析。同样一个案例，研究同样一个问题，我们分别观察了项目和组织层面各发生了什么，在不同的层面去认识和理解这个问题，认识到底组织里发生了什么。针对项目层面和组织层面分别进行了三个阶段战略转型的分析，采用多级式建模方式，在这两个层级中发现同一个分析框架中所涉及的主要能力是相同的，而支持这些主要能力的行为在不同层次存在（见图 11-10）。这样可以丰富整篇论文的深度，论文的厚度相对地比较饱满。

TT&T能力发展的项目角度

阶段一：确立方向	阶段二：专注于战略发展	阶段三：战略制度化
各阶段发展的主要能力		
制定战略的能力	灵活的能力	整合和取得信任的能力
支持上述能力的主要行为		
1.1 全球基准测试和培训 • 根据当地竞争制定标准化KIP • 进行广泛深入的部门级培训	2.1 整合资源投入核心业务 • 明确工作分工 • 进行广泛深入的部门级培训	3.1 获得内部承诺 • 面向客户驱动重组组织结构 • 变革透明化 • 提供绩效奖励及晋升机会
1.2 学习过去的经验和教训 • 使用现有项目为模板 • 进行岗位轮换和实地考察	2.2 实验 • 严格测试项目程序和系统 • 为新项目模板使用预测式	3.2 投资于基础施舍的补充 • 赋予部门更新和维护知识库的责任 • 编辑员工体验
1.3 将吸收知识作为组织的最高层 -CSO、监督人及高管之间的频繁交流 -进行每周例会	2.3 投资、充分利用并统筹资源 -实施数据分析 -为现有客户提供附加服务 -充分利用现有系统和流程来执行新项目	3.3 加强外部关系 • 利用供应商的经验 • 为作为客户的内部服务中心

图 11-10　TT&T 呼叫中心的战略转型在不同层级的多级式建模

TT&T能力发展的组织角度

阶段一：确立方向	阶段二：专注于战略发展	阶段三：战略制度化
各阶段发展的主要能力		
制定战略的能力	灵活的能力	整合和取得信任的能力
支持上述能力的主要行为		
1.1 全球基准测试和培训 • 扫描全球环境 • 建立ISO标准 • 设立服务教育机构	2.1 整合资源投入核心业务 • 为业务拓展设立两个新部门	3.1 获得内部承诺 • 使用监督人来实施新变化 • 确保CSO的工作满意度
1.2 学习过去的经验和教训 • 使用现有项目为模板 • 进行岗位轮换和实地考察	2.2 实验 • 通过实验积累经验 • 基于反馈改进流程	3.2 投资于基础施舍的补充 • 投资尖端技术的基础设施 • 建立内部IS部门 • 投资知识管理系统
1.3 将吸收知识作为组织的最高层 • 开展跨部门会议，使所有员工可以分享经验	2.3 投资、充分利用并统筹资源 • 修改系统以处理多个客户需求 • 加强系统安全 • 培养多技能员工	3.3 加强外部关系 • 与供应商建立长期合作关系 • 采用以客户为中心的策略

图 11-10（续） TT&T 呼叫中心的战略转型在不同层级的多级式建模

第四部分

SPS 案例研究方法的应用

第十二章

SPS 应用：案例选取、研究计划与访谈

——以淘宝村案例研究为例

从构思到建模及写作的一整套方法还需要更好地实践。本部分将以"淘宝村"现象的研究作为一个实例，从确定选题到对 SPS 案例研究法的整个实际操作过程进行一一解剖，以求进一步说明 SPS 方法在实际案例研究中的具体应用。

前文中曾经提到，案例研究更适合在实践中发现现象并开发出新的理论。因此案例研究是产生创新概念和理论的重要来源。从这个角度看，SPS 方法是为创新而生的一套方法，其最为核心的竞争力就在于创新，这种创新思维体现在对案例的选择、案例设计逻辑的选择等多个环节。

一、独辟蹊径的案例选取

1. 案例选取中的创新思维

在做案例研究时，怎么去找比较有趣的、有特色的切入点是研究者面临

的第一大问题，也是案例研究能够脱颖而出的一个重要环节。使用 SPS 方法进行案例研究的操作步骤是从构思开始，而构思又是从案例现象开始。通常，管理学研究多从研究现象开始，从现象中发现研究问题，针对问题进行研究设计，再搜集数据，通过特定的方法分析、探讨之后得到研究发现。这是一个典型的完整的研究循环。根据这一规律，如果采用美式案例研究方法，通常案例研究主要服务于通过实例来印证理论。因此研究者在做案例时，往往是先有了想要探索的研究问题或者理论框架，然后寻找贴切的案例进行印证。如果是采用欧式案例研究方法，或者是在研究中已经积累了案例线索，计划进一步收集数据后进行详细解读，试图找到新颖的诠释方法？而在 SPS 方法的运用中，对于案例的选择采用了独辟蹊径的方法。在案例选择时，可以有两种路径：一是根据商业发展或社会潮流选择研究界较少出现的新兴、有趣、待研究的现象；二是寻找在世界具有一定知名度、行业领先且具有特点、研究界较少出现的大企业案例。第一种选择案例的路径需要研究者在实践与学术研究两个领域有一定的积累，并有发现好案例的慧眼，这种能力可以慢慢养成；而第二种则依赖于重要的人脉，是可遇而不可求的。以下将针对第一种选择案例的路径进行具体说明。

发现和提炼较少在研究界出现的新兴、有趣的现象可能需要经历四到五个步骤。

第一步，研究者应该注重日常非研究资讯的积累，互联网的应用为此提供了良好的基础。微博、微信等都是发现商业新闻、社会新动向的最佳信息来源。比如，2013 年，我们在新浪微博上看到中国有的地区整村人都在淘宝上做生意的信息，这是以前闻所未闻的，非常新鲜有趣，吸引了我们的研究视线。当然，这只是发现了一个有趣的现象，然而这个现象是否可以成为研究上的"亮点"，还需要观察学术研究中动态即，第二步。

第二步，研究者需要仔细查看本领域顶尖期刊的主题征稿（call for

paper)。顶尖期刊的主题征稿可以说反映了本领域专家关注到的与最新实践或社会主流相关的急需理论支撑或贡献的部分，在某种程度上类似于每年国家自然科学基金委在发布基金申请指南中的相关内容，主要用于指引本领域研究发展的方向。以管理信息系统领域为例，2013 年下半年开始，*MIS Quarterly*、*Information Systems Research* 等顶级学术期刊相继推出了主题征稿，如表 12-1 所示。

表 12-1　2013 年管理信息系统领域几个主要学术期刊的征稿主题

期刊名称	征稿主题
MIS Q	信息通信技术与社会挑战
ISJ	商业模式与创业的数字化
ISR	社交媒体与商业变革
JIT	发展中国家的吸收增长：新用户、新应用和新挑战

从这些征稿主题中，我们大致可以提炼出一些关键字：社交媒体、数字化、社会挑战和发展中国家。通过对比这些主题关键字与我们在新浪微博上看到的淘宝村的相关讯息，突然发现这个现象契合了主题关键字中的三个，串联起来就是：发展中国家农民利用数字化的工具——电子商务平台——应对社会挑战的现象。这样就可以判别，淘宝村这个现象还是比较适合作为一个案例研究现象，进入到这些期刊征稿范围内的。然而这还只是一个有趣的现象，还需要将现象落实为研究对象。

第三步，需要将新颖、有趣的现象进行抽象，用理论的概念进行诠释。这一步实际就是现象概念化的体现。以新浪微博上淘宝村的信息为引子，我们多方查询了相关的材料。在阿里研究院还没有公布淘宝村信息之前，我们通过对各种网络新闻的梳理，整理出了江苏、浙江、山东、河北、福建等地所报道的 10 个淘宝村。通过梳理这些淘宝村的情况，我们发现，这些淘宝村的实质其实是：过去认为被"数字鸿沟"隔绝的农村农民，应用数字化工具——电子商务，成功实现了个体生活水平的提升。从开始的少数几个人到整个村子里面的人都在淘宝网销售产品，产业链逐渐出现，地方经济得到发展，同时城镇化水平提高。总之，是农民自发地使用电子商务这种新技术实现了自我改善、自我发展的一个现象，这符合"社会创新"的概念。即社会组织为满足社会目标而出现的解决问题的新思路，通过开发和推广创新性活动和服务实现了满足社会需求的目的。因此，我们将"淘宝村"现象概念化为数字化技术赋能的社会创新现象。农民为了迎合迫切需要满足的需求，比如经济、家庭、自身发展、地区发展等，而出现的使用数字化技术改善民众生活的一种创新性思路。通过这个思路的实践，产生了新的商业模式，重构了价值链，对当地资源形成了创造性的使用，并且有复制性和可持续发展性。

第四步，还需要对这一数字化赋能的社会创新现象的价值进行梳理。主要是评估研究现象在学术研究与实践活动中能够带来的贡献，这将增加研究获得认可的可能性。淘宝村现象虽然在 2013 年时刚刚被阿里研究院以一个专有名词的形式提出，但自 2010 年以来已经有一些零星的国内媒体报道，从现象发展的实际情况来看，淘宝村被看好，认为这是"三农"问题解决的可能途径之一，但是在发展中诸如复制、可持续性等方面还存在很多待指导和帮助的实际问题。同时在国际媒体上，诸如英国金融时报、法新社等，在 2013 年阿里巴巴上市之前集中对淘宝村现象也有不少报道，令国际上都对这个现象有了一定的认知，并产生了浓厚的兴趣。这些为以淘宝村为案例题材的研究铺垫了非常好的基础。

通过以上这些步骤，我们确定了淘宝村将是一个非常好的有潜力冲击顶级学术期刊的案例研究选题。接下来我们就进入到非常实质化的谋求案例"入口"的阶段。

2. 案例研究地点的选取：社会现象与商业实践的差异

案例研究地点的选取对于搜集案例材料来说非常重要。案例的介入程度、受访者的组织和配合程度，都会影响案例数据的质量。研究者所接触的绝大多数案例往往来自企业的商业实践，这就在无形中给案例的受访者划定了一个范围，便于研究者在这个既定的范围内寻找不同层级、不同部门的相关知情人作为受访者，并且，研究者只要征得在企业中权威人士的许可或支持就可以很好地得到这些受访者的配合。但对于社会现象而言，案例地点的选择和受访者范围的选定，可能就不是那么线性的问题。

社会现象往往更加复杂，涉及的人群不局限于一定的组织界限内，甚至不局限在一定的地域界线内，其职业身份或社会角色差别也很大。以淘宝村为例，2013年上半年，阿里研究院还没有从官方角度界定淘宝村的概念，并对这一现象进行认证。我们在网络公开媒体上搜索了大约10个淘宝村，并罗列了他们的基本情况（见表12-2）。通过查询淘宝村的报道，可以发现在进行案例调研时需要访问的不仅仅是那些在网络上开店的村民们，还要包括当地的物流企业及从业人员、上下游生产主体（如果有），可能还有网商之间的非正式组织，以及政府相关部门。受访者的范围非常广泛而且复杂，不容易组织。在这种情况下，只能寻找一些在当地淘宝村建设过程中非常有威望的人或者重要部门，得到他们的支持才能够确保调研的顺利进行。而各个淘宝村的发展情况又有较大差异，不是所有淘宝村都有"带头人"。同时还需要考虑调研几个地点的经济成本和时间限制。综合各种因素，我们最终选择了浙西南地区作为调研区域。在这个区域中，可以找到义乌、丽水的3—5个淘宝村、淘宝县。义乌的青岩刘村有一个有号召力的带头人刘文高，而缙云县、松阳县和遂昌县都属于丽水市域范围，且丽水市政府在组织、引导农村电子商务的发展方面也投入了不少力量。最终确定以这四个区位上比较集中的地点作为案例调研的地点。

表 12-2 2013 年上半年在网络公开资料上查询到的农村电子商务情况

地　　　点	网店数（家）	主营产品
江苏省睢宁县沙集镇东风村	2000+	板材家具
江苏省宿迁市耿车镇大众村	300	板材家具
江苏省沭阳市颜集镇	2000+	花卉苗木
河北省清河县杨二庄镇东高庄	600+	羊绒羊毛制品
河北省保定市白沟新城	3000+	箱包
浙江省义乌市江东街道青岩刘村	2200	小商品
浙江省临安市昌化镇白牛村	50	坚果炒货
浙江省临安市清凉峰镇新都村	20+	坚果炒货
浙江省缙云县壶镇镇北山村	100	户外用品
浙江省松阳县大东坝镇西山村	32	简易家具
浙江省遂昌县	约 1500 家	生态农产品

二、充分构思的分析框架

SPS 案例研究方法之所以能够将过去需历时 1 个月甚至半年的案例现场调研，缩短到 2 天以内，主要在于调研之前的充分准备与调研现场的把控。

在调研之前我们需要对研究现象有充分的了解，这在案例选取的过程中就已经做了相当多的工作。当案例地点确定以后，必须有针对性地做进一步的二手资料搜集与积累。这时，需要准备的不仅仅是案例现象本身的二手资料，还需要准备对案例现象的分析框架。从管理信息系统领域传统的研究视角来看，通常我们会关注管理过程。一直以来，受到美式研究思维影响的大多数研究者，都是从既有的理论或者教科书中寻找研究概念。然而当今时代变化之迅速，已经不是任何教科书或者理论能够完全涵盖的，很多商业创新实践已经远远走在了研究之前。这也给案例研究带来了全新的发展机遇，我们可以观察社会与商业创新实践运用案例研究的方法开拓新的思维。

以"淘宝村"现象为例，农民对于电子商务平台的使用实际是信息技术工具在这些人群中的使用和在更广泛的农村的扩散。技术扩散是管理信息系统领域内一个很经典的研究主题，因此对我们来说研究和思考的空间比较小。管理学范畴中较为常见的剖析角度是技术扩散的过程或者影响的因素，视野也比较狭窄。因此，SPS 的思路另辟蹊径，研究新兴的互联网 2.0 技术（诸如电子商务）给这些人群和地区所带来的影响。在这个大视角之下，可以根据前面所述的学术期刊征文主题的方向来具体选定研究的分析框架。比如，在淘宝村产生和发展的过程中，我们可以研究各种因素或力量之间所发生的角力与冲突（tension）；也可以观察的技术可供性与局限性（technology affordance & constraints）；也可以从技术赋能（technology empowerment）角度来看这些人群和地区在使用技术后所产生的各种后果，有一些带来积极影响的可预期效果，还有一些可能是未曾预料的。这些研究框架选取的理论多来自管理学理论，从大管理学引入到管理信息系统领域，有益于从技术与管理的角度对这些理论做增量创新。

确定分析框架以后，还需要更细化地确定研究问题。在管理学中需要确定在研究分析框架之下进行具体研究的层面是什么。过去多数管理学研究的层面特别是因素分析的相关研究多定义在个人层面，也有不少研究设定在组织层面。淘宝村现象中多涉及农民个体，然而更值得研究的反而是类似的农民个体由居住地这一先决条件形成的一个村落的群体，这就是社区（community）。社区是比较松散的组织，在管理信息系统领域的研究文献中还较少出现。而淘宝村的研究天生就应该是社区层面的，这在分析单元上又增加了一个新的亮点。具体的研究问题可以观察很多视角，比如在社区层面如何形成电子商务生态系统,在生态系统形成过程中出现的矛盾(比如个体发展与整体发展),不同淘宝村发展的路径、模式差异以及后果、影响,淘宝村的可持续发展性及可持续发展策略,等等。这些问题无论从实践角度,还是研究角度,都是尚未探索又需要积累知识与经验的。

三、精心准备的接洽入口

接洽研究现象也需要精心的准备,找到合适的接洽对象能够增加案例访谈执行的可行性。通常,一个组织特别是企业,会忙于自身管理与业务相关事项,若希望他们能抽出人员和时间来配合调研,需要有令他们信服的理由。多数情况下,比较可行的方法是找到有影响力的权威人士,比如企业的老总或者政府相关部门负责人。以自上而下的领导力推动调研过程的准备、协调与实施,可以使案例研究有一个良好的开端。然而,也有必要让所有参与到访谈过程中的受访者了解他们谈话的重要性。因此,也需要从受访机构和受访者的角度考虑,这样一个案例访谈和研究能够给他们带来什么收获。诸如,我们可以帮助总结这些机构的管理经验,提炼出他们独特的"style"。例如,丰田的 JIT 模式为大家熟知,名垂管理界青史,这对任何一家企业来说都是一种殊荣。又或者,我们也可以将受访机构的案例带入商学院教学,让更多的工商管理界人士了解到受访机构和他们的品牌、做法,使他们能够在这些社会精英群体中享有更高的知名度。而且,对某些机构而言,商学院的师生群体可能就是他们的潜在目标客户,广告价值不言而喻。另一个方面,受访机构在访谈中也会谈及他们所面临的问题,不管是发展上的还是内部管理上的,我们也可以帮助他们梳理这些问题,并带着我们的经验与其他组织的实践共同探讨这些问题,为受访者的未来发展献计献策。同时,与高校科研机构的合作也能够反映出受访机构的开放性与接纳第三方进入的宽容度，对于他们在社会公众视线中建立公信力，更好地维护公共关系是非常好的背书。

以淘宝村现象的调研接洽为例，在对从公开媒体上获知的十多个潜在调研地点进行摸底之后，我们初步确定了在浙江西南部的义乌和丽水作为第一批调研的地区。针对这两地的大约 4 个农村电子商务典型案例，我们更进一步梳理了它们的各自情况，包括现有的店铺数量和销售额统计情况等。最关键的如上文提及，社会现象的接洽不同于一般企业或组织，需要有政府主管部门与具有影响力和号召力的关键人物协助联络和安排。例如，在浙西南地区的义乌青岩刘村有带头人刘文高，丽水市政府、丽水团市委在推动农村电子商务发展方面也做了很多引导工作。带头人和政府部门也可以帮助协调合适数量和恰当的受访者参与访谈。就这样，我们开始了对淘宝村这个数字化赋能的社会创新现象的研究。对于企业等边界较为明显的研究现象，则相对简单，只需要有高层级的负责人能够推动并配合一位有执行力的联络人就可以很好地进入到这样的研究现象访谈了。

四、完善缜密的研究计划

研究计划的好坏决定了案例数据的可得性。当然，在接洽案例入口的时候并不是要做一份真正的学术意义上的研究计划。而是能够让受访机构和受访人了解访谈的背景、目的，访谈所需要涉及的人员范围，访谈主要内容条目，以及案例研究带来的价值与意义。

首先需要让受访机构与个人了解到研究现象的重要性。以淘宝村为例，2013 年开始，中央每年的"一号文件"都连续关注了三农与互联网的结合。很多淘宝村的村民们可能并不了解，他们所做的事情对国家层面和地方层面都能够带来很多价值。从宏观来说，农村电子商务有助于农民增收，改善农民的经济水平，提高农民的文化素质，以及破除城乡二元经济结构。于农业产业而言，很多农村地区通过电子商务平台实现了加工产品的销售，并由销售带动上游形成了规模化的产业链，实现了产供销一条龙，以及农业生产的新型组织管理。从农村社会生活状态来看，通过从事电子商务，村民们不知不觉地改善了经济条件，居住、生活环境也随之改善，城镇化悄然发生。而且，过去农村剩余劳动力外出打工所带来的"留守儿童""空巢老人"等一系列问题都迎刃而解。从微观来看，绝大多数淘宝村都是个别先行者通过从事电子商务致富带动了民间复制从而形成了规模，地方政府在初次面对这种自发形成的产业组织形态时往往有点无所适从：一来电子商务对于这些地方而言是新兴事物，二来对这种规模化电子商务缺乏认知和经验，所以需要分析和研究这种现象，不仅为未来发展提供建议，也为其他地区提供可借鉴的复制经验。这些都需要在研究计划中有充分的说明，可以更好地打动受访机构和人群。

在点明研究价值之后，从研究计划阶段，就要让对方知道研究者对他们充分了解，这是拉近双方距离、促进良好沟通的要点。在运用 SPS 方法时，研究者在进入受访现象之前已经基本确定了对现象的分析框架和研究视角，这些需要通俗化为一般管理者能够读懂和理解的表达内容。这时，我们可以采取按照阶段或者要素等方式来组织拟调研的内容或者是拟采用的分析框架。比如，在淘宝村研究中，我们采用"数字化赋能的社会创新"来概念化这个现象，因此将我们要分析的这种数字化赋能的社会创新机制及影响，从创新的过程与要素来看，就涉及淘宝村的形成与发展及其成功与制约因素。淘宝村的形成与发展就包括了这些村落的历史概况以及当前发展情况、发展的历程和模式；成功与别的要素方面可能会涉及他们发展的资源禀赋、产业链及集聚情况，生态系统，政策在推动、激励和营造发展环境方面所发挥的作用，以及带头人、推动者和各种参与者的作用与角色。

接着，我们需要通过研究计划让受访机构与人群充分地了解调研的方向、意图和需求。这个部分，我们通常会准备具有可操作性的、详细周到的访谈实施框架，包括调研的形式、调研的不同对象、人数需求，以及访谈的组织形式和访谈的要点等（见图 12-1）。不仅如此，还要针对整个调研过程中团队的详细行程进行相应安排。

- 调研形式：数据+访谈
- 调研要点：
  数据部分：面上概况(人口基本状况、从业状况、网店状况、区域内产业概况，如已有相关统计数据也可)
  访问部分：

代表人物	网店店主	相关企业	协会组织	政府部门
·初衷	·初衷	·角色定位	·角色定位	·历史情况
·发展过程	·发展情况	·改变	·工作内容	·改变
·改变	·改变	·合作模式	·未来构想	·当地优势
·问题及其解决	·工作方式	·问题及其解决	·问题及其解决	·未来构想
·目前面临的问题	·问题及其解决			·政策导向
·未来构想	·目前面临的问题			

每个案例的访谈对象：

参与者	人数
代表性人物(如刘文高/吕振鸿/潘东明/刘国平等)	1-2
参与网店创业的村民/居民(金冠、钻级、量级比例为2：3：5)	30
相关企业(平台、物流、供应商/合作社)	20
组织(如协会、商会等组织的领导及工作人员)	10
政府部门(主管及相关部门的分管领导及工作人员)	10
总计	72

访谈的组织：
　　同类参与者可一起座谈，每个案例计划访谈时间为3天

图 12-1　2013 年浙江义乌与丽水市淘宝村调研计划内容

在与受访组织进行充分接洽之后，确定了调研的各项活动后就可以进入下一个现场访谈的阶段了。

五、灵活应对的现场访谈

在过去一些经典的案例研究方法著作中，我们可以找到对现场访谈的一些指导原则。例如，准备结构化的访谈问题，或至少是半结构化的访谈问题列表。确实，在进行访谈之前，访谈问题的列表是必不可少的准备环节。对于新手而言，在进入现场、面对完全陌生的受访人之前，能够在事前准备一份较为充分的、有理论框架支撑的问题列表，是不容易出错或慌乱的一个重要内容。即便对于经常进行访谈的有经验人士，一个访谈问题列表也是在访谈过程中可以依赖，退可守、进可攻的重要材料。但是，很多研究者在实际操作的过程中，会容易"太过"依赖访谈问题列表，在访谈中容易表现出量化问卷的概念。可能会出现几种情况，比如，在有限时间内怕问不完，一直急着问，又或者是较为机械地按照事先设想的问题顺序去问，当受访者谈话内容不涉及相关内容时又倾向于打断或者将受访者再扳回原来的问题思路和预先设定的理论框架中。这些都是在访谈中应该注意避免的情况。我们说，访谈的问题列表是预备在访谈过程中帮助访问者理顺思路或对照参考的，这些问题框架主要是为了让访问者心里有谱、心里有底，在访谈过程中更应该注意挖掘不寻常的，原先没有预想、设计到的问题或信息。

访谈分为三种基本类型，即结构化访谈、半结构化访谈/非结构化访谈与群组式访谈。结构化访谈、半结构化和非结构化访谈是从访谈问题的开放程度进行划分的不同类型。结构化访谈其问题结构相对比较固定，一般用于配合问卷调研，与问卷所涉及的问题范围相匹配。半结构化或非结构化访谈则相对较为开放，同时在实际操作时一般是由研究者或者研究团队的一名成员主导访谈过程。群组式访谈则特指的是在访谈过程中多个受访者同时访谈，这时操作过程会相对比较复杂。在进行案例调研的过程中，我们往往会根据不同情形混合使用多种访谈形式，但最常采用的是 1+X 对阵 1 到多名受访人员的结构。团队会有一个主导访问的访谈人。在进入访谈现场前，参与的所有研究者会以研讨的形式，将每个人的理论分析框架进行交流，根据这些分析框架的研讨，主导访谈人会了解从不同研究的角度应该要访谈哪些内容，以便于在现场访谈时能够让受访者谈及所有参与研究的研究者所关心的内容。在主导访谈人感觉基本完成访问内容之后，再可以由其他研究者从自己的角度补充提问。

在访谈的现场会遇到这样那样的问题。比如，受访者与访谈人之间的陌生感可能导致受访者在一定程度上会选择规避一些敏感信息的分享；较短的受访时间内无法让受访者表达出最真实的观点；受访人语言能力之间的差异会导致访谈人有选择性偏好，不自觉地倾向于关注表达能力更好、口齿伶俐且能够提供更大量信息的关键人物的谈话内容；也有可能受访人会编故事、双方理解不一致甚至发生言语不快；以及当案例调研接入环节的工作做得不充分时，会限制研究者接触到合适的访谈人；等等。这些问题都可能会在访谈现场遇到。因此，访谈现场的把握对于获得有效、可信的数据而言是非常关键的，这类似于在量化研究中我们对模型信度、效度的评判。为了应对这些问题，我们下面罗列了一些访谈现场的注意要素。

案例本身就是一个故事，而访谈则是研究者引导受访者娓娓道来、剥茧抽丝的过程。因此，好的访谈也需要设计，采用戏剧的手法演绎。既然是演绎，自然离不开服装、场景、人物以及临场发挥等几个方面的安排与打造。

首先，从心理学角度考虑，在服装面貌方面需要有印象管理，即通过一定的方式来影响别人对自己印象的形成。其中需要适当着装，尤其是根据受访组织和受访人的情况调整着装。比如在大企业访谈时可能需要较为商务的着装，不能太过随意，而在社区进行访谈时可以采取偏休闲的着装方式。在精神面貌方面，应该保持一种饱满、热情向上、入乡随俗、给予受访者最真切的理解与尊重。比如在淘宝村案例访谈过程中，为了不影响网商们的生意，或者从尊重他们生活作息的习惯出发，我们一般会在下午到网商的家中进行走访。在福建安溪县的访谈中，我们充分尊重闽南人喝茶的习惯，到了每家每户都按照当地的习俗进门坐下看主人泡功夫茶，边喝茶边聊话题。访谈要顺其自然。在访谈中，需要注意引导受访者按照一定的思路来谈他的看法和想法，采用客观的方法询问，不要采用带有主观预判性质的诱导式提问方式。当然，在访谈过程中，特别是在企业或专业机构中访谈时，尤其容易出现"词穷"的情况，即对方说完针对上一个问题的回答后，一时接不上下一个问题或不知道如何进一步挖掘信息。这时的一个技巧是，重复对方刚刚所说过的内容，一方面表示确认，另一方面可以从对这些内容的回顾中发现或衔接一些延伸性的问题。

其次，在场景方面，需要注意营造合适的访谈氛围。这既包括了访谈的人员、场合与访谈形式，也包括了谈话的气氛。在调研计划阶段所提出的受访人员要求中就提出了哪些人群适合开展访谈的，并且也在与受访组织或牵头人的充分沟通后采取了可行的访谈方式，并配置了相应的访谈场地。所以，这里我们指的更多的是偏向于访谈人能够进一步调整和控制的谈话氛围。在服装及精神面貌都调整完成后，在访谈时应配备必要的记录用品或设备，以协助更好地采集定性数据。最基本的包括记录本和笔、录音笔，如果具备条件也可以配备专门的速记人员在现场进行速记。开场时通常最先是向受访人进行自我介绍以及对调研目的的简单介绍，介绍需要注意根据场合、人群、年龄、层次进行适当调整。可以采用正式或非正式的方式进行切入，由寒暄式介绍式平缓地过度。在淘宝村研究的访谈中，针对年轻的网商就采用非常通俗和能够融入他们的问候方式，比如"亲们上午好"。

再次，访谈人对于访问节奏及与受访者之间的互动也应该有良好的把握。在谈话态度上，应注意在谈话时关注发言人的眼睛，时不时点头回应，或者以简短的语句进行回应,让对方感觉自己所谈及的内容是大家共同感兴趣的。言谈或用语上可以适当地接近受访者,让对方感觉到亲近,也可以通过闲谈方式营造轻松氛围,但这不代表可以表现得不专业。相比而言,专业性更加重要。这里所说的专业性并不是学者对于自身专业的了解,而是对于受访人所谈及内容的了解。比如在与淘宝网商进行访谈时,需要对他们谈话中所涉及的一些专业词汇了如指掌,诸如淘宝 C 店(指淘宝集市店)、店铺等级、直通车、聚划算,以及流量、转化率等电子商务中经常使用的工具与术语。这样做会使受访者感到与之谈话的对象是自己的"同道中人",是值得花时间去交换信息与观点的。

另外,临场表现更多地体现在事前准备的问题列表与在访谈过程中实际情况进行匹配、调试时的临场发挥与应变。半结构化与非结构化访谈必须在访谈之前准备这样一些内容:开场白以及自我介绍、关于访谈目的的介绍,罗列关键问题,以及预备在收尾时留下受访者的后续联系方式,同时提示可能会有后续再联系跟进的潜在可能性等。有备而来可以为访谈人在具体实施访问的过程中可参考,然而也要注意避免过度准备,在访谈过程中必须保持一定的开放性。在访问的过程中尽量控制问题与问题之间的间隔,避免出现过长时间的"空窗"。若在访谈中产生突然"卡壳"的情况,可在准备访谈问题时,专门罗列出一些具有普遍适应性、与其他问题没有明确的逻辑关联,又具有一定专业性的问题,比如年营业情况或业务增长情况等。或者也可以示意其他研究成员按照备用问题填补"空窗"。同时,在与受访者互动的过程中,需要采用口语化的语言,像聊天一样。通过参考访谈问题列表以确认是否所有的谈及内容都覆盖了需要掌握的信息来源。访谈的过程是随机应变的过程,注意感觉受访者对所谈话题是否感兴趣,根据他们的态度灵活应对。

最后,提炼在访谈中需要切记的五个要点:

第一,刚刚开始会有一段访问者与受访者之间的相互试探与了解的阶段,主要是了解互相的语言与知识基础，因此访谈不宜操之过急，需要循序渐进；

第二，可以采取分散注意力或者拉近距离的方式，想办法引起受访者的兴趣，或者至少能够让受访者降低戒心；

第三，访谈的问题可以由简入深、由近到远逐渐展开，可以用前一题的词汇与情境问出下一题，不让受访者感觉突兀；

第四，注意挖掘现象背后的原因，可以多请受访者进行举例，或者谈更深层次的原因；

第五，准备一些中性的、过渡性的问题，让自己能够有足够的时间休息、思考，同时也避免令人尴尬的沉默"空窗"。

第十三章

SPS 应用与中国管理创新的结合：展望未来

一、SPS 在中国管理创新的应用

我们是来自管理信息系统领域的学者，很多人认为信息系统跟编程有关系，但信息管理其实是管理，是一种面向 CIO 的视野。然而，随着技术在社会生活及商业的各个方面越来越普及，我们的关注点也越来越偏向管理，也就是对一般的管理问题更加感兴趣。通过对案例研究这种方法的不断运用和积累，到落笔为止，我们 SPS 团队已经在国际期刊上发表了 100 余篇案例研究论文，谷歌学术引用次数达到 5 288 次。我们在中国管理创新案例方面的研究从 2008 年开始，我们也特别选取了一些有意思的主题整理为一本案例集。[1]

---

1. 潘善琳、黄劲松：《中国企业的数字化商务实践案例》，清华大学出版社，2015。

SPS 案例研究方法：
流程、建模与范例
Structured-Pragmatic-Situational(SPS) Approach to Conducting Case Studies

在前几年，我们的研究基本上是针对企业层面的，一种是比较传统的大型国企的信息化转型，另一种是国内电商线上线下O2O的建设中的战略思维、模型。

比如，2008年，我们研究了上海卷烟厂的信息化，以及阿里巴巴的生态演化过程。2009年，我们又去了位于大连的SAP中国与东软集团，看他们在IT服务外包方面的特色，以及北京机场如何在2008年北京奥运会之前在短时间内实现敏捷的信息系统。

2010年，海尔这家历久弥新、勇于迎接变化与挑战的企业，以及中国移动打造绿色信息系统的计划部署过程也进入了我们的案例研究行程。

2011年，我们主要关注了大麦网如何能够兼顾2C和2B两种不同模式的业务，以及徐工集团这样一个老牌制造型企业如何实施ERP系统。

2012年，我们又马不停蹄地走访了腾讯、真维斯和中粮集团。到这时，基本从企业借助信息系统或者从当前时代发展趋势而言更广泛地表述为数字化技术而出现的商业创新层面。

从2013年开始，除了原有的在企业层面的商业创新以外，我们开始关注数字化技术带来的社会创新现象。

2013年，我们在炎炎夏日顶着40度的高温在浙西南地区停留了一周多的时间，走访了浙江义乌和丽水的几个淘宝村，接触了很多农民出身的网商。

紧接着2014年，我们又走访了更具有典型性的江苏省睢宁县和山东滨州博兴县、菏泽曹县的淘宝村。不仅如此，我们也开始关注与数字化技术貌似不搭的考古界与博物馆，希望从信息科技的角度来观察这些与古迹打交道的行业在发生着什么有趣的事情，就是在这一年我们走访了兵马俑

第十三章 SPS 应用与中国管理创新的结合：展望未来

秦陵博物馆。

2015 年，我们继续在中国农村寻找数字化社会创新的亮点，走访了福建泉州市安溪县和龙岩市的淘宝村。这一年我们还拓展了数字化科技，特别是 O2O 这种模式的出现给老年人带来的福音，上海的一家以服务和赡养老年人为目的的电子商务企业"幸福 9 号"成为我们在社会创新领域的又一个新的尝试。

当然，在这期间，我们也没有停止对企业层面商业创新的探索与走访。在这两年中，我们先后拜访了用友集团、蓝星集团、烟台万华等在各自行业领域排名前列的企业，也走访了电子商务领域和传统零售业转型电子商务的一号店与苏宁集团，以及在智能制造（或者说工业 4.0 领域）的领先企业青岛红领。

最近这两三年在走访的过程中，我们发现，做管理信息系统研究，或者对背景或回归商业领域感兴趣的人，转变思维是很有用的。可以通过思维的转变把之前很多不相关的东西作为研究内容，扩展我们的研究领域，或者增进我们对不同行业的理解。在各地对不同类型组织、不同人群、不同环境的调研给了我们很多的想象空间。

不论是与苏宁董事长张近东先生一起俯瞰苏宁集团建筑群，还是在齐鲁大地上与土生土长的山东农民交流，或是在战国时代青铜器折射的光芒中，我们产生了很多新的想法，可以说是灵感。也正是这样的灵感引领着 SPS 案例研究方法未来的应用路径，使我们对于未来 SPS 案例研究方法的应用有了更为清晰的定义。

2008 年至今，SPS 团队的研究足迹见表 13-1。

表 13-1 2008—2016 年 SPS 团队进行的案例研究

年份	地点	案例企业/现象
2008	上海	上海卷烟厂
	浙江杭州	阿里巴巴
2009	辽宁大连	东软、SAP
	北京	北京国际机场
2010	北京	中国移动
	山东青岛	海尔集团
2011	北京	大麦网
	江苏徐州	徐工集团
2012	北京	中粮集团
	广东深圳	腾讯、真维斯
2013	北京	用友集团、环意旅行社、陶冶迪为户外用品
	山东烟台	万华集团、蓝星集团
	浙江省金华、丽水市	义乌、缙云、遂昌等地"淘宝村"
	泰国曼谷	稀土工厂环保事件、曼谷水灾
	马来西亚	社交媒体与罪案预防、关丹水灾
2014	上海	一号店
	江苏南京	苏宁集团
	陕西西安	秦陵博物馆、西安航空动力
	山东滨州、菏泽	博兴、曹县淘宝村
2015	上海	幸福 9 号
	福建泉州、龙岩	安溪、培斜淘宝村
	山东青岛	红领集团
	德国	再生能源小镇 Feildheim & Saxony，智能制造：博世、Jovoto 和 Twago
2016	北京	乐视集团
	河北唐山	中车集团

在做案例研究时，通常我们会根据现象来搭配相应的理论视角。

第十三章　SPS 应用与中国管理创新的结合：展望未来

当研究商业创新时，思路是这样的：一边是阿里巴巴、海尔、SAP 等公司的案例，他们代表了可能性。比如，我们去了阿里巴巴，他们什么都有，包括各种模式，这时就要搭配我们感兴趣的或者很火的题目。海尔的组织文化一直以来都是很有特色的，吸引了很多眼球。一个制造业的公司搞"创客"，提出每个人都是 CEO，类似这种组织文化的一种活动或者工作。因此，一个关键的原则就是当我们在做一个案例时，怎么去找比较有趣的、有特色的切入点。因为只要是企业，任何研究议题都可能存在，只要你愿意问，他们愿意答。

我们研究社会创新从 2013 年的淘宝村开始，其实早在 2010 年前，我们就曾经做过关于非典的研究，从信息技术支持危机响应的角度写了几篇文章。后来，我们又先后研究过印尼海啸、泰国和马来西亚的洪水，以及近两年的淘宝村、兵马俑、幸福 9 号（老年人与科技）、马来西亚的稀土提炼厂研究。[1] 一两年前，中东有一个茉莉花政变，也是通过社交媒体进行抗争，从政治的角度去谈论一些事。2015 年 11 月，我们的团队在柏林郊外的两个能源小镇参观。这在管理信息系统领域被称为绿色信息学（green Informatics），因为能源很多方面都跟信息管理有关系，但我们要了解从信息管理的角度他们怎么去定义并推动可再生能源的发展。还有一个最近我们关注的有趣案例，那就是叙利亚难民逃亡欧洲与科技之间所发生的故事：他们在逃亡和迁徙的过程中都带着手机，装有谷歌地图和脸书，靠着这两个应用逃亡欧洲各地。2015 年 11 月，我们曾经和两个从事这方面工作的志愿者聊天，他们提到很多人逃难会长达 2 年之久，进度很慢，有时候要绕路，或者有危险，如果没有现代科

---

1. 一家澳大利亚的公司在马来西亚的农村建立了一个稀土处理厂，对当地的环境有很大的影响，澳大利亚的公司和马拉西亚的政府达成协议就建立了这个处理厂，当地人完全不了解这件事的危害。一直到有人在社交媒体上指出这个问题，然后是通过社交媒体不断地进行分享、抗争，甚至组织在吉隆坡的游行抗议，线上线下互相配合。

技的指引，恐怕风险会更大。这些现象的研究都非常具有社会意义（见图 13-1）。

社会创新

基于IT基层农民获得经商致富的难得机遇

基于社交媒体的灾民自救

图 13-1　与 IT 相关的社会创新现象

二、研究关注点的转变：从关注采纳应用到后果

循着我们的研究步伐可以发现，我们从商业创新开始慢慢看到科技在社会中产生的一些有趣的事情，激励我们去考虑赋能的研究。从管理信息系统领域的研究发展来看，我们觉得不仅仅研究为什么人们想要用科技，然后在实验室中设计问题或者靠学生的问卷来进行研究；更应该要研究的是，在世界上不同的环境中，针对国内外的企业或者社会现象，数字化技术到底带来了怎样的影响和后果。在影响方面可以多做些研究，而不仅仅是看技术最初导入时人们的接受情况。过去做技术接受研究的年代，技术是个新现象，大家不确定要不要接受，接受需要哪些好的条件和因素。而今，技术已成为各行各业实现创新发展必不可少的手段，接受早已不是问题，人们热衷于使用技术，更值得关注的反而是技术应用所带来的管理、模式、思维等多方面的影响和产生的后果。要研究相关的影响和后果，定性或者说案例的研究方式就比较适合了。这个思维的转变不仅发生在企业界，也发生在学术界。可以说，这是信息系统研究者最好的机会。特别是在某些商业模式创新方面，例

如 uber、airbnb 等。国内的应用比国外的更活泼。这让我们看到了以前没有的一些现象。

我们希望去看这些改变，这些数字化技术赋予我们的新的能力、机会在哪些方面，如何改变了我们的生活。商业创新方面，IT 已经实现了大规模个性化的定制，它颠覆了传统制造业。国内大家每天看这方面的文章，应该会经常看到"颠覆"和"传统"两个词，其实颠覆传统每天都发生在我们生活的各个方面。"用 IT 衍生的新兴组织形式"这句话大家理解吗？比如，开顺风车的朋友，他把好几个朋友聚集起来，搞了一个顺风车团队，这就有一个组织了。他们会经常见面、交流、讨论，就已经形成了一种新的组织形式，在理论上被称为自组织（self-organized）。只要有这个应用软件和汽车，就可以开顺风车，并组成顺风车团队。另一个就是社会创新中数字化科技如何启发农民。淘宝村中的农民电商所获得的机遇改变了他们的生活，很多青壮年可以守在家门口致富，解决了照顾孩子和老人的问题。依据 2015 年阿里研究院的统计数据，现在大概有 780 个淘宝村。我们去过的山东曹县大集镇全镇人几乎都在卖演出服饰，在儿童节或者特别的节日时可以提供一些性价比高、方便的服装，卖到了全中国甚至全世界，全镇有成百上千家淘宝店。另外，在曼谷的水灾中，主要是通过社交媒体赋权。灾民通过社交媒体脸书平台来共享信息与资源，并且进行心理层面的互相安慰。太多的类似这样的现象已经慢慢地颠覆了我们对数字化技术和社区的传统认知。

这些新现象告诉我们，研究需要有一个新的思维，为什么不能研究这些题材呢？虽然信息技术是我们主要的研究主题，但我们要研究它对商业和社会的影响为什么不行？这是第一个问题。第二个问题是：现在有这么多层出不穷的新的科技现象，难道我们不想要看看它们是如何被谁应用的吗？会产生什么效果？怎样改变了人们生活？改变了哪些方面？我们商业模式发生了什么改变？我们整个社会环境、农村的发展有什么新的改变？所以我们急需一个新的思维，让我们在不同的新现象里面游刃有余。改变思维方式，才能顶天立地。所以，我们现在已经具备了研究关注点的转变，也有了这样的机会进行相关的研究。

三、可变的研究情境与不变的研究议题

研究者在寻找研究主题时，往往会面对这样的问题：很多现象涉及不同国家、不同情境，那么如何寻找一个不变的研究主题？什么是可变的，而什么又是不可变的？对我们来说，可变的是现象和情境。不管是在水灾的情况下用的社交媒体，还是在商业创新中的各种技术应用，变的只是研究情境，可能是北京、马来西亚、德国，可能是企业、政府或者社区民众。情境除了国家、文化环境层面，还有使用情境层面，这些都是可变的。不变的是背后的管理价值和理论内涵。比如，不管是水灾情境下用社交媒体，还是娱乐情境下用的社交媒体，两边不变的管理内涵是：如何让用户愿意用，"多用、好用"是不变的。而且，理论的角度也是不变的。要赋权他人：在水灾时为灾民赋权，在淘宝村中为农民赋权。这里，赋权的理论价值是不变的，只有情境在变。这样，诠释能力就会很强大。可以用一个赋权理论到世界各地研究不同情境下的现象。这样整个学术研究的识别（identity）就很清楚，也不容易被时代淘汰，在未来的30年都不会过时。作为管理信息系统领域的学者，我们的核心与本行就是数字化技术，不论未来科技如何发展，在我们有限的研究生涯里这个名字不会被淘汰。有了这样的视角，就可以长期不断地研究科技（或者被称为信息技术/移动互联网等）所带来的创新、变化。管理信息系统领域的研究由于与技术的发展密切相关，所以一直以来存在着学术识别和现象发展挂钩的情况，这造成我们在学术识别上的很大困扰。十年前做ERP是很火的，但现在如果还做ERP就会被人质疑是否有创新，这就导致研究无法

持续。所以研究者应该找到什么是持续的、不可变的。

数字化赋能就是一个不需要变的因素，即使过几年变成智能技术赋能，大家也会明白这是科技赋能的情况。在这个视角下两大方向是值得研究的，一是在消费领域，特别是个人消费领域，新兴的技术（诸如可穿戴设备）如何改变我们的生活。二是技术在不同国家应用场景下产生的后果，即整个传统行业的改变。我们看到，随着技术应用的不断深入，最终慢慢走向赋能必须要有人研究科技所带来的影响或者后果，科技改变了我们什么。5—8 年前，谷歌还在做搜索引擎、数据分析、云计算平台，现在谷歌虽然还在继续做搜索引擎，但也进行了一些改变人类的工作，诸如研究基础科技如何应用在人们的生活中，比如阿尔法狗。其他还有 3D 打印、无人驾驶、机器人以及偏远地区互联网项目等。在未来的 3 年，谷歌的偏远地区互联网项目可以帮助整个斯里兰卡的偏远地区的农民用上 wifi。所以，越来越多的企业开始考虑这些问题。最近国内流行的一句话是："世界一流的企业在考虑赋能，BAT 在抢夺传统企业转型的商机，还没有开始考虑这方面的问题。"他们在考虑无人机、3D 打印有什么商机，而谷歌或者其他一些前沿的公司更关注基础技术的进展，特别是基础性的技术创新如何更进一步地推动人类进步。学术界也应该向这些伟大的公司学习，我们也需要有人开始考虑这些问题：IT 在偏远地区互联网项目中起到了什么作用？引起了什么改变？从学术界来看，根据我们在 2014—2015 年发表或投稿的全部论文，几乎都是关于技术与社会问题，投稿时会要求标出文章所解决的具体社会问题。这就是一个明显的信号，学者们都很想看到 IT 到底解决了什么社会问题。从 2015 年 3 月 31 到 2016 年 9 月的期刊征稿主题，里面有社会变革、美好社会、数字化创业、金融科技等相关议题（见表 13-2）。

表 13-2　2015—2016 年管理信息系统期刊的征稿主题

截止日期	期刊名称（缩写）	征 稿 主 题
2015.03.31	MISQ	信息技术与社会变革
2016.04.30	JAIS	构建"美好社会"面临的信息技术的机遇和挑战
2016.01.31	ISJ	数字化创业
2016.06.15	MISQ	复杂性与信息系统研究：新兴数字化世界
2016.09.01	JMIS	金融科技（Fintech）革命

如果没有数字化赋能的思维，几乎无法用传统的研究方向来切入这些问题。因此，纵观企业界和学术界，越来越多人已经感受到情境的重要性。如果我们能够抓住一个不变的议题，并且在不同的情境下讨论这个议题，所有表中所提及的新兴科技或者社会现象都可以用这样的视角进行研究。如果我们采用赋权的理论视角，这个基础是不变，赋权和创业、赋权和社会变革。一个赋权可以研究很多领域，这就不需要绞尽脑汁思考我们研究的到底是什么，一会儿在农村，一会儿在考古博物馆，一会儿在中关村创业大街，有了赋权这个不变的理论，得以使我们在不同情境下的研究有了一根主线，并且使得我们的研究生涯变得很有趣，无论是在中关村面对创业者还是在农村与农民网商喝茶聊天。有了这个理论视角，我们可以一直围绕最新的现象做研究而不被淘汰。在信息系统研究领域，如果锁定某一个现象作为学术识别，那么每三五年就需要跟随技术的更新而做一次转变。然而，当做了一辈子的研究，也许你只能跟人说最后做的一个主题是什么，而无法告诉他们在这一辈子的研究生涯中做了什么研究。这就是我们提出数字化赋能思维，以这样的思维，就可以处理"可变与不变"的概念。理论和管理内涵不变，因为每个地方都有赋权、资源整合的问题和可能性。

举例来说，我们之前研究过的现象：中国移动节能计划、金融科技、中关村的创业大街、农村电商、泰国水灾、兵马俑。从传统的研究思维来看，就应该用绿色节能研究思维来定义中国移动节能计划，但如果不是从绿色节能的角度出发，而是换成可穿戴设备，就无法使用原来绿色节能的研究思维去进行研究。但如果转变思维，采用赋能的理论视角去研究中国移动的节能计划，就会变成这么一个情境：中国移动通过数字化的手段，用节能的切入点去做一些企业内部和市场战略上的变革。用数字化赋能的思维，就能把它看作数字化赋能的战略变革。通过这个视角，我们已经发表了两篇论文。这可能是最经典的一种研究思维转变。

再比如，在农村看电子商务若从传统研究思维出发，就是从技术接受的视角看农民对于技术的接纳程度，而从数字化赋能的视角，我们看的是数字化技术如何帮助农民致富、解决留守儿童和空巢老人等社会问题，而这些被传统研究思维划分到了社会学、农村研究。

中关村大家都知道是创新创业的产业园区，传统思维将它看作创业、创新，美国很多学校都有创业系或者是创业研究中心，这些绝对不是放在与技术相关的科系，或者管理信息系统领域的学者也很少有人做这方面的研究。但是，这些创业创新却又是基于互联网技术的创业创新，那为什么我们不能参与呢？有了数字化赋能这个强大思维，我们就可以看到，中关村这个创新创业的整个商业生态，其实已经慢慢形成了一种新的组织形式。有一个理论叫混搭组织（hybrid organization）、元组织（Meta organization），所以我们把中关村整个创新创业的生态看成是一种元组织，这就是用理论来解释一个现象。这么一来，这个创业创新的现象就变成了管理信息系统学者可以去研究的题目了，而不仅仅是创业学或企业家研究，或小型企业研究这一领域的了。

兵马俑也是同样，传统思维下它就是文物、受保护古迹，可能是历史学、考古学或者是文物保护专业研究的。而我们的视角研究的是"当秦始皇遇见谷歌"，秦始皇指的是这些文物，谷歌表示现代的技术，包括3D、

4D、RFID 等。比如,每年兵马俑的工作人员要向国家汇报文物的数量,包括完整的、破损的、出土的、未出土的等,现在他们用 RFID 技术,几个礼拜就能完成这项工作。还有线上展示,现在很多世界级的博物馆都已经使用了非常丰富的科技资源来支持这一项工作,不再是只能到现场去看,而是能够在线上进行参观。所以,这个案例研究叫做"数字化赋能传统组织拥抱新科技的挑战"。

总结来讲,数字化赋能的后面可以加一个括号,每一篇论文谈的都是数字化背后的某一种特定的技术。当这种特定的技术应用于某一个领域时,我们一定可以通过这样一个视角去观察这项技术所带来的影响或者后果。现在最新的金融科技,例如数字化货币,李克强总理已经宣布中国要有自己的数字化货币,已经投入大量人力和资源在研究中国自己的数字化货币。有了数字化赋能的视角,我们也可以做这方面最新的研究。

四、SPS 应用与中国管理创新的未来

2016 年 3 月,我们走访了乐视和中车集团。在这里也希望借由这两个案例帮助大家了解 SPS 在中国管理创新研究中的最新的应用情况。

1. 乐视的混搭组织

乐视最近推出一个概念叫商业生态,乐视网下面构建了 7 个不同的子生态,这些子生态就是跨界。乐视原本是做视频、娱乐节目的,现在开始进入一些不同的生态中,比如说他们开始和英国的阿斯顿马丁(Aston Martin)合作做汽车,有一个乐视汽车;他们还有一个乐视金融等。所以,乐视已经从当年的在线视频产品到平台,到最近开始跨界横向构建整个生态系统。针对这个案例,我们首先要评估这个现象的研究价值。整个生态会带来许多商业

机会跟可能性,"可能性"这三个字也是乐视愿意投入建设子生态、跨界的主要原因。这种可能性是传统影视领域的人们无法想象的,却又可能产生意想不到的创新,从而成为最大利益的来源。因此,这些跨界、跨生态的现象出现,使得传统的组织边界变得模糊。从创新、竞争、合作来看,不同的子生态如何获取整个乐视集团最大的资源或者是最多的关注?这样的问题是值得研究的,因为在这之前,我们对互联网企业并没有多少关于跨边界的、跨商业生态的认知,所以这个现象可能是很有价值的一个研究。

然后,我们需要把整个研究现象概念化,把乐视的整个生态构建成一个概念——混搭组织。[1] 把整个乐视生态看作一种混合的或者混搭组织,乐视由一个传统意义上的娱乐内容提供网站转变成混搭组织,组织内子生态相互混合搭配。不同于以往组织具有有限种类的业务、自上而下按照层级和部门进行管理,混搭组织应该如何管理,就派生了第二个研究问题。乐视的案例通过数字化思维的转变,就会变成一个数字化赋能与商业生态构建、管理的问题,即如何通过数字化的手段或技术去构建和管理商业生态。

从研究的可行性来看,研究的主题可以是生态圈的建设,可以研究如何管理混搭组织。那么针对混搭组织,我们又研究什么?可以看它的形态,它的组织边界。以这样的逻辑去设计研究,一个好的案例至少可以写两篇论文。怎么管理混搭组织?为什么管理的挑战很大?因为混搭组织的制度逻辑不一样。乐视是做数字内容起家的,它的逻辑性跟它的子生态完全不一样,一个是汽车,一个是娱乐内容,逻辑不一样,从制度逻辑的理论来看,可以研究乐视是如何管理生态圈的。从理论来看,就是不同的制度逻辑在整个混搭组织的情境之下,乐视是怎么操作的,可以选不同的理论去看。那么再下一层,也可以去研究乐视三个层面:部门层面、企业层面(乐视控股)和生态层面,

---

1. Pache A C, Santos F., "Inside the hybrid organization: Selective coupling as a response to competing institutional logics", *Academy of Management Journal*, 2013, 56(4): 972-1001.

这三个层面可以分别研究什么是混搭组织和如何管理混搭组织。从这个角度看，既可以深入到三个分析层面来研究，也可以只分析生态这个层面（见图 13-2）。

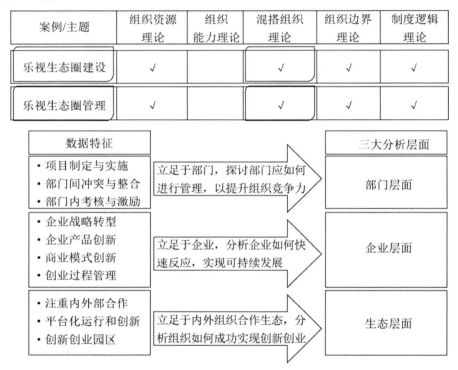

图 13-2　乐视的生态圈建设与管理分析框架

2．中车集团：技术生态治理

中国的高铁技术在这两年走出国门走向世界，是可以获得较多关注的一个现象。高铁的建造、列车的建造都属于制造业。中国可能有成百上千家传统制造业企业，在工业 4.0 发展的背景之下，越来越多的传统制造业要往智能制造这条路上走。要向智能制造转型，会遇到两个挑战：一是转型的难易程度，以及从何处切入能够实现转型；二是除了转型之外，更需要从传统的信息化，即信息流、信息自动化，要转成智能制造、大数据支持决策，即过去积累的生产数据通过智能化手段与科技做分析、决策。信息化是传统的 ERP 的思维，智能制造是大数据的计算，所以任何传统企业都要考虑的是：第一，如何转型；第二，如何去建立一个数字化的技术生态。这是我们去调研之前作出的判断，也是可以想到的两个巨大的挑战。

我们把这两个挑战设计成具体的研究问题。第一，为什么传统制造业的转型很困难？很多企业的转型生不如死，那么到底导致转型困难的原因是什么？第二，如何打造数字化技术生态系统？因为制造企业想要拥有智能制造的能力，必须要打造这样一个生态系统。所以，我们就用了两个理论来解决，第一个理论是核心能力和核心刚性（rigidity）。非常传统的、不容易改变的思维，对创新非常不利的一些固化的核心刚性，已经造成整个企业、整个组织无法往前走。而核心能力则是企业要打造的，所以两者正好是一对矛盾。为什么传统企业转型困难？因为它有大量的、长期积累下来的刚性。企业的领导人是 20 世纪 70 年代从基层一步步上来的，没有办法一下子接受大数据分析这些新技术和新思维，这是一个时代性的问题。第二个理论是技术生态治理（technology ecosystem governance，TEG）。如果企业要建立一个数字化的技术生态系统，必须要治理它，所以我们就用该理论研究如何去打造数字化技术生态。两个理论可以从这两个研究问题的角度写两篇论文。

智能制造是以智能工厂为载体，以互联网为基础，端对端信息流，互联网驱动，新产品模式，大数据等，在设计、工艺制造、服务等各个环节都实现端对端无缝协作的智能工业生态系统。这跟 ERP 的模块化是不一样的。之前所提及的关于中车集团这样的制造型企业转型的两个问题：为什么难？要如何做？很简单，把不利于发展的刚性去掉，获取新的数字化能力，这是两个步骤的工作。ERP 是线性的思维，是模块化、自动化；而智能制造是生态、协同的思维，是企业未来想要的一个状态，两者思维完全不一样。刚性有哪些？有一些历史主导的逻辑，比如中车集团过去南车、北车分割的历史悠久，有二十多年的成长路径依赖，现在要改成这种大数据、端对端的思维，非常难。还有，作为国企、央企，又是具有战略意义的制造型企业，会担负一些国家战略性的目标必须要完成，所以有一些核心的固化、刚性的内容（见图13-3）。

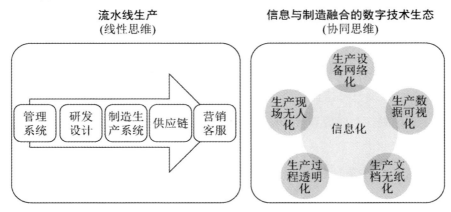

图 13-3 信息化技术与数字化技术的管理思维差异

第一个视角，从核心能力和核心刚性[1]的角度建模。要把不利于转变的刚性抛弃，这包括企业内部僵化、传统生产内部僵化、信息流动模块化、自动化、生产员工的数字化能力薄弱，以及其他的一些内部僵化的问题（见图13-4）。这些是传统制造企业转型时所必须摒弃的，这个过程叫做柔化。在柔化过程中，数字化技术所扮演的角色是去中心化、去线性思维，从点到面能力的提升，从链到生态，这在新一代互联网技术的帮助下是可以实现的。另一个过程是核心能力的获取，获取新的能够适应时代发展要求的能力。从打造数字化技术生态来说，数字化技术可以扮演这些角色：自主性、定制化、大数据处理与分析等，达成有智能化制造能力的效果。不管是价值链上企业

---

1. 淘宝村 Leonard-Barton Core Capabilities and Core Rigidities: A Paradox in Managing New Product Development", *Strategic Management Journal*, 1992.

间的横向集成,还是网络系统的纵向集成,端对端的工程能力的数字化,数据处理与创新能力,这个是企业想要获得的能力和效果。通过柔化和核心能力的打造这两个步骤就可以逐渐发展数字化生态。这就是采用核心能力和核心刚性理论作为中车案例的分析框架。

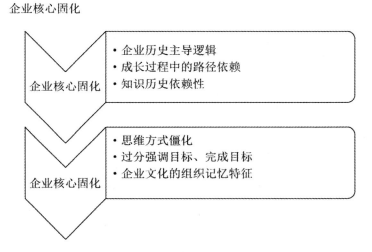

图 13-4　核心固化带来的企业转型困难

第二个视角,通过技术生态系统治理[1]的理论视角看数字化技术如何帮助企业构建新的技术生态系统,用传统技术与新技术进行对比建模。传统技术相对稳定,不出差错,安全性和稳定性好。新技术相对传统技术而言,是不断进化更新的。因为大数据需要做大量决策,要不断优化、改进和进化。那么,从传统技术到新技术会存在什么样的矛盾和挑战?从系统架构来看,以前是标准化,现在是相对多样化;以前是强调控管,现在是相对自主,因为要根据大数据做判断、决策,不像过去有很清晰的规则。从识别和认同来看,在传统信息化时代,都是标准化的,每个人工位上的操作都是类似的,而现

---

1. Wareham J, Fox P B, "Cano Giner J L. Technology ecosystem governance. Organization Science", 2014, 25(4): 1195-1215.

在慢慢会有一些个体的思维出现。这是智能制造在带入数字化技术并应用到员工中间时，所带来的意想不到的结果。员工的识别和认同会慢慢地依赖于个人的数字化能力，当他们的能力越强，越会产生个性化及个体创新的东西。这是数字化在企业变革中所带来的一些出乎意料的结果，这个结果是中性的，无所谓好或者坏，只是技术运用所带来的现象，这样的写作手法能够使文章更有张力。中间这些是变革的机制，模块机制、分级机制、协调机制，从传统到数字化的变革所要经过的一些步骤（见图13-5、图13-6）。

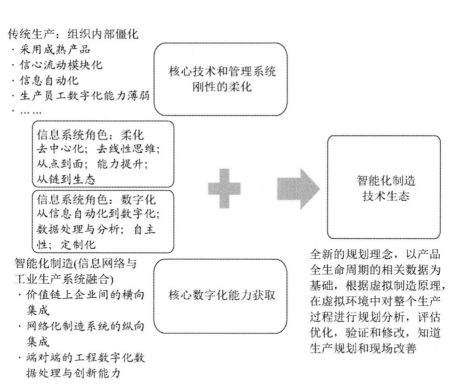

图13-5 通过对已有刚性的柔化与数字化能力获取两方面打造智能制造技术生态

随着介绍完2016年3月刚做的乐视和中车这两个案例，整本书到这里也接近尾声了。这么多最新的互联网现象，还有在国内乃至国际上炙手可热的

第十三章　SPS应用与中国管理创新的结合：展望未来

发展趋势与潮流，甚至是名胜古迹等历史文化领域都是案例研究学者可以企及的。也衷心希望本书能够给案例研究学者带来一种全新的进行案例研究的方式，正如 SPS 案例研究方法的铁粉——北京航空航天大学博士生曾德麟同学所说，**SPS 案例研究方法是"有趣的现象与问题+新颖的理论，用模型化的思想分析并，采用图表化的方式进行呈现"**。

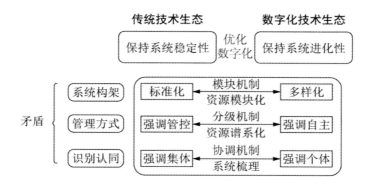

图 13-6　传统技术生态与数字化技术生态的差异与管理调整

五、更宏大的数字化赋能计划

我们也跟随技术不断革新发展的指引，持续不断地根据一个不变的议题来推进我们研究的演进与创新。于是，在 2015 年 12 月 12 日，数字化赋能计划（digital enablement project，DEP）应运而生。[1] 这个项目主要聚焦有价值的数字化赋能现象，尤其是那些常被忽略而未能深入探讨的数字化赋能现象。我们坚信在科技快速变化的今天，这些描写数字化赋能现象的案例将会为更多的人提供价值。不论是学界、企业界，或者那些平时难以接触到国际数字化前沿发展的欠发达国家或地区的研究者和学生，他们都可以从 DEP 项目中获取最新、

---

1. 详细内容请参见 www.deproject.org。

最为前沿的现象和管理知识。简单而言，我们对于 DEP 计划的定位包括三个方面。

（1）DEP 是案例研究者的交流平台。对学术发展来说，通过 DEP 的平台，有助于案例研究学者快速有效地创作有趣的国际研究论文，并因此建立识别，更好地就国际论文的发表进行深入交流。期待通过 DEP 使全球对数字化赋能感兴趣的学者能够共同留下分享足迹，以知识共享的精神服务大众。

（2）DEP 是一群有情怀的学者甚至普通大众，支持资源欠发达地区的研究者和学生的一个共善或公益（common good）计划。有兴趣的学者们可以一起参与这个项目，将我们宝贵的管理知识与经验，用短案例、浅阅读的形式总结呈现出来，并推广到世界各地，尤其是欠发达国家或地区。让无法获得国内外商业案例的研究者和学生都能接触到国际数字化发展的有趣故事，使他们不会因为资源的不足而失去学习的机会。

（3）DEP 通过分享中国的数字化赋能创新实践，让全世界认识中国。作为中国学者，我们有责任通过分享我们的研究，让世界见证中国的成长，了解中国，了解中国企业与社会，发展出中国的管理理论（见图 13-7）。

从管理的角度看，其实通过 DEP 这个计划，我们也希望能够使用最新的技术工具与方式方法颠覆学术案例的共建与分享模式。毫不夸张地说，DEP 也是一个"颠覆式创新"，不仅面向之前难以跨越的学术界与实践界之间的鸿沟，而且面向公益领域。可能未来这个项目在实施过程中将面临许多前所未有的挑战，这也正是我们觉得作为计划的创立者与参与者们应当承担的社会责任。目前，这一计划已经获得来自国内外多所顶级高校的支持，平台已有中英文案例、浅阅读文章共计 140 篇。

第十三章 SPS 应用与中国管理创新的结合：展望未来

图 13-7　DEP 网站（www.deproject.org）

未来，DEP 将需要更多的志愿者参与和协助，参与文章投稿、编辑和网站助理及国内外推广，甚至赞助与支持。在此也欢迎有兴趣参与这个项目的读者联络我们，贡献您的一份力量，把这个富有创新价值与实际意义的项目做起来，成为中国对世界管理界的一个贡献。

后记

2008—2016 年，不知不觉我们在中国大地上进行案例研究已经持续了八年时间。2009—2010 年在中国人民大学参加中国企业管理案例与质性研究论坛开始，SPS 案例研究方法得以在国内生根。2012 年开始，在中国管理案例共享中心、北京航空航天大学经管学院的支持下，SPS 案例研究方法研讨会得以在每年的 7 月定期召开，到 2016 年已经开展了 4 年。SPS 案例研究方法在国内慢慢扩散，逐渐被很多从事案例教学和案例研究的学者们所了解。在这个过程中，我们要感谢为 SPS 案例研究方法在中国学术界与管理界传播作出努力与贡献的人们，包括中国人民大学、北京航空航天大学、厦门大学、江西财经大学等多所院校的案例研究学者们，感谢各种会议的组织方使我们得以认识更多国内专注于案例研究的学者们，也感谢大家对 SPS 案例研究方法的支持。同时，对于从 2008 年开始与我们进行合作的多所高校的学者以及配合我们开展案例调研的每一个案例企业、地方政府及淘宝村的网商朋友们，我们也心存感激，感激他们能够提供机会让我们来参与、亲历和见证中国大地上正在发生的这些伟大变革。当然，也许更需要感谢在背后默默支持着我们的家人们。虽然 SPS 案例研究方法将过去在半年甚至一年中进行的案例调研缩短到 2 天左右的时间,但为了跟进最新的现象,我们往往会在 7—10 天的时间里走访 3 个案例现场,这期间我们必须夜以继日地紧张工作,往往会忽略了对家庭的照顾与关心。最后的感谢留给我们自己,我们为自己在这个时代能够用这样的信念和信仰从事案例研究而感到骄傲。